0-1
岁

美国早教创意课程

[美] 朱迪·赫尔　[美] 特丽·斯文◎著　李颖妮◎译

华东师范大学出版社

目录

10—12 个月

附录

对保育员或家庭而言,用积极、温暖又充满爱意的方式来照顾一个哭泣的婴儿或与幼儿玩拍手游戏,都是促进头脑健康发育的好方法。事实上,对大脑发育的最新研究重点指出,在孩子3岁以前,所处环境与社交关系对大脑的健康发育影响非常重要(Shore, 1997)。

以此为前提,《美国早教创意课程》(第二版)为保育员与婴幼儿家庭量身打造。本书的最终目的是帮助我们的下一代健康成长。因此,它应成为所有父母与儿童工作者的必读藏书。

本书侧重于儿童的整个成长过程,其中包含了生理、语言、认知、社交和情商的发展。为了支持、促进和激励孩子在这些领域的发展,本书为婴幼儿分别设计了独特的游戏活动。书的架构为四大部分。第一部分是幼儿发展的常识、评估和促进方式,也包含关于和幼儿互动的建议。第二部分是为婴儿和幼儿设计的创意活动,三册共380个。其中,0—1岁包括140个活动,1—2岁140个活动,2—3岁100个活动。第三部分是成长发育创意活动所需材料的索引目录。第四部分是丰富的教学资源,有材料制作方法、歌曲、手指谣与书籍。另外也列举了一些玩具和材料,并附有选择标准。

为方便读者,书中内容按年龄段与发展领域进行划分。每一项活动设计都链接一个广阔的发展领域与儿童的发展目标。举例来说,生理发育是基础领域,而手眼协调又是一项特定的目标。从准备材料、准备工作到教养策略,都是为简单、有效的应用而设计。为了令你和孩子的活动体验更丰富,更多相关信息与花样翻新也包含在活动方案中。"成长亮点"部分为了解儿童的成长提供了很多有价值的信息和理论。总而言之,这本书所提供的知识与活动设计能提升你的个人能力,以更好地满足婴幼儿的成长需求,并为孩子的最佳发展提供助力。而且,这些幼年的经历将为孩子日后的思维、社交及学习奠定一个坚实的基础。

致谢

我们在这里要感谢很多人。首先要感谢我们二人的丈夫,James Herr博士和James Daniel Swim博士,他们在我们整个工作期间给予了很大支持。同时感谢我们的家人,他们对我们的鼓励从不间断,极大地鼓舞了我们的事业心。

而且,这本书的完成得益于许许多多可爱的孩子,他们用各种各样有意义的方式影响了我们的生活。无论是在大学实验室还是在保育中心,他们和他们的父母、老师都向我们展示了生命最初几年的重要性。

我们也必须感谢以下各大学、学院以及学生们的贡献,在他们的帮助下我们的职业生涯得以发展:

College of William and Mary, Norfolk, Virginia
University of Akron, Ohio
Harvard University, Cambridge, Massachusetts
Purdue University, West Lafayette, Indiana
University of Minnesota, Minneapolis, Minnesota
University of Missouri, Columbia, Missouri
University of Texas, Austin, Texas
University of Wisconsin Stout, Menomonie, Wisconsin

尤其要感谢的人有:Carla Ahman, Carol Armga, Michelle Batchelder, Chalandra Bryant, Mary Jane Burson-Polston, Bill Carver, Linda Conner, Kay Cutler, Sandi Dillon, Loraine Dunn, Nancy File, Nancy Hazen-Swann, Debra Hughes, Susan Jacquet, Elizabeth Johnson, Joan Jurich,

Susan Kontos，Gary Ladd，Julia Lorenz，Pat Morris，Linda Norton-Smith，Barbara O'Donnel，Diana Peyton，Douglas R. Powell，Kathy Pruesse，Julie Rand，Karin Samii，Jen Shields，Cathy Surra，Adriana Umana，Chris Upchurch，Lisa West，Rhonda Whitman.

同样需要感谢的是 University of Wisconsin-Stout Educational Materials Collection 图书管理员 Carol Hagness 以及 Menomonie Public Library 儿童图书管理员 Ann Salt，他们为本书制订了附录 A 中的婴幼儿推荐书单。我们在 Delmar 的编辑 Erin O'Connor Taylor 自始至终都对我们鼓励有加，并提供了很多金点子。而 Deb Hass 和 Vicki Weber 为我们打印了初稿。

同时，作者和出版社也要感谢以下审稿人，他们为本书提供了很多建设性意见：

Davia Allen
    Western Carolina Unviersity
    Cullowhee，NC

Alice Beyrent
    Hesser College
    Manchester，NH

Billie Coffman
    Pennsylvania College of Technology
    Williamsport，PA

Irene Cook
    Taft College Children's Center
    Taft，CA

Linda Estes
    St. Charles County Community College
    St. Peters，MO

Jody Martin
    Children's World Learning Centers
    Golden CO

第一部分

介绍

微笑、哭泣、踢蹬小腿、对人大笑,这些都是婴儿吸引你注意力的方式。这些有趣的行为令人动容,每一个婴儿都有自己独特的风格,各不相同。这些性情上的差异在出生时已十分明显:有的宝宝很安静,有的则活泼好动。每个孩子都是独一无二的。不过,所有孩子都会遵照预定的规律成长,就算每一个的实际速度不同。

成长可以定义为随着时间而发生的改变。根据 Bentzen 的理论(2001),成长指任何在生理和环境的影响下,个人身体构造、思维和行为上的改变。人类的发育有两种清晰的模式:第一种是自上而下的发育,比如说,对颈部的控制早于对躯干和腿的控制;第二种是从内到外的发育,比如说,手臂肌肉发育早于手掌和手指肌肉的发育。

生长发育理论

查阅书籍，你会发现有关儿童生长发育的理论或观点汗牛充栋，而有些观点是截然相反的。有些理论声称，儿童在出生时，未来的成长道路已定。他们完全不受环境影响，只根据个人的生物钟来。相反，也有以教养为基础的理论十分强调环境因素的重要性。这些理论认为，孩子来到世间，就是一张白纸。根据这类理论，孩子所处的环境就是塑造能力的工具。第三套理论则融合了这两种极端。它的基础观点是，生理和环境共同造就了孩子的发展。

阅读本书的时候，你会发现我们注重的是互动理论。对大脑发育的最新研究支持这样一种观点，即人类的发展基于自然因素与教育方式之间的积极互动（Shore，1997）。出生时，孩子的大脑发育尚未结束。通过早期的体验活动，大脑才开始成熟，并与身体各部位建立连接。不断重复的经验使这种连接逐步稳定，从而为大脑一生的组织和运行打下基础。

你所扮演的角色十分关键。因为早期的经验对孩子大脑发育的影响十分重大，孩子与父母、保育员以及其他重要人物的关系都会影响大脑的生长。所以，充满关爱的接触，正面的社交体验，情绪方面的、语言交流的、认知的和生理的经历都会影响大脑的健康发育。

不过，这种影响绝对不是单向的。例如，孩子们的天性彼此有差异。研究显示，孩子的性格会影响他们与周围人、事、物的接触。比如说，坤坤是一个安静的慢热型孩子，他一开始就很内向，只看不动，很容易因陌生环境而沮丧。于是，他的保育员和父母有时会避免让他过多接触外界。久而久之，他的生理、语言交流、情绪、社交能力和认知发展都会被他的个性以及保育员的回应方式打上烙印。

成长理论的应用

成长理论为人类成长模式的研究提供了充分的依据，证明婴幼儿的成长是遵循一定的规律和次序的。这种可预见的成长发生在每一个领域——生理的、认知的、语言交流的、社交和情商的领域。而普遍的成长轨迹也被称为成长模式。最佳例证就是一大群孩子都可以完成同一项任务。正因为模式是一种平均概念，对它的解释应十分谨慎。因为每一个孩子完成一个特定的或多个成长目标的时间先后是不同的。比如说，一个孩子可以如预期那样，达到认知方面的各项标准，但在语言方面却滞后了。所以，每一个孩子都有自己独特的成长发展轨迹，这一点必须加以考虑。

虽然有一定的限制，但成长模式对保育员和父母来说，还是十分有用的。原因有三：首先，它们为评估一个孩子的成长提供了相对的评判标准。如果孩子在某方面的发育滞后了，通常应予以一些关注。如果孩子在多个方面都落后，则应咨询人类成长专家，作进一步评估。其次，成长模式有助于判定一个特殊行为和技能的出现时间。了解孩子现处的发育层次，便可估计接下来会出现的行为。比如，孩子现已能很容易地找到一个被部分遮掩的玩具，那么他将能找到一个完全被藏起来的玩具。这种对未来发展的预知能力解释了成长模式实用论的第三个原因：成长模式让父母及保育员能创造和应用各种活动，来支持、提高孩子现有的发展水平。根据刚才的例子，成年人在和孩子玩捉迷藏的游戏时，可以先用毛巾部分藏起一个玩具，然后增加挑战难度，把玩具完全藏起来。

下列图表提供了一系列婴幼儿的成长模式，以意义重大的任务为主要内容。模式按不同领域进行分类，每个领域的任务都是循序渐进的。使用图表的时候请切记，它们代表的仅仅是发育的普遍模式，你应同时考虑每个孩子的特殊情况。

成长里程碑*

生理发育						
出生至 3 个月	**4—6 个月**	**7—9 个月**	**10—12 个月**	**13—18 个月**	**19—24 个月**	**25—36 个月**
反射行为—吮吸,迈步,挥舞四肢	用手拿住积木	独自坐稳	用双腿支持全身重量	垒起两块积木	独自走上楼梯每次一阶	行走时跨越障碍物
拍打眼前出现的东西,但动作不协调	伸出一只手取物	行走反射回归,当被抱起呈直立状态,会有跳跃动作出现	可以被牵着手走路	翻动纸板书的书页一次 2 到 3 页	蹦跳	奔跑时动作接近成人,膝盖微屈,双臂朝相反方向摆动
趴地时会昂起头来	从平卧滚至侧卧	坐起时,会身体前倾取物	沿着家具或支撑物走动	喜欢涂鸦	踢球	独自走下楼梯
抬头和抬起肩膀	动作协调地伸手够物	用手和膝盖撑起身体,但容易前倒	独立站立	顺畅行走	慢慢跑动	随着音乐踏步前进
从侧躺滚到平躺	凭借支撑物坐起	扭动爬行	独立行走	行走时可携带或拖曳一个玩具	显示对使用某只手的偏好	用腿踢动带轮子玩具
眼睛跟着物体移动	在两手之间传递物品	尝试站立	沿楼梯或台阶攀爬	在协助下走上楼梯	可以拼起 3 片拼图	骑三轮车
	用任意一只手抓东西	拍手	自动放掉手里的东西		垂直搭起 6 块积木	绘画时挥舞整条手臂
	用手臂支撑分腿坐稳	在成人的协助下站起来	坐起时平衡感好,转变姿势时也不会跌倒			根据意愿向前抛球
		学习精细的动作,用大拇指和食指拾起东西	脱掉鞋袜			垒砌 8—10 块积木
		会用大拇指和其他手指拿起东西				模仿成人画圆圈、水平或垂直线条
		敲打东西				一页页翻书
						并拢手指舀取小物件
						用鞋带穿起大珠子

(成长里程碑所列不同特性的出现时间仅是平均状况。因为每个儿童的差异性,这些特征的出现会有早晚。)

成长里程碑*

				语言沟通		
出生至3个月	**4—6个月**	**7—9个月**	**10—12个月**	**13—18个月**	**19—24个月**	**25—36个月**
用哭声、咿呀声和面部表情来进行沟通	咕哝、自言自语	咕哝声转变成大声的、有节奏的高低音	用非语言的手势来影响他人的行为	有 10—20 个词的词汇量	继续使用电报式语言	继续使用电报式语言,每句话包含 3—4 个词
偏爱人类的声音	模糊地根据母语发音	出现辅音	展示语言理解的能力	开始讲"自创语言"	能连起 3 个词	讲完整的句子,词序自然
咿呀作声	标准化、系统化的元音辅音搭配	通过手势进行交流,多为指物	挥手再见	连起两个词,使用电报式语言	讲话,25% 的话能被听懂	展现有效的谈话技巧
大笑	参与成年人发起的互动游戏	会说妈妈和爸爸,但并不能将词和父母联系在一起	说出第一个可辨识的词	经历语言爆发期	用名字指代自己	用"我"而不是名字指代自己
通过微笑和咿呀儿语主动与保育员交流	轮流发起互动		主动发起与成人的游戏	理解大约 50 个词	在一句话里用 3—4 个词	谈论非眼前发生的事物
					理解词汇达到 300 个	理解一定的语法
					掌握的词汇量达 250 个左右	词汇量飞速增加,达到 300 个左右
						喜爱成人为其阅读故事,其间伴以指物、聊天和翻书动作

(成长里程碑所列不同特性的出现时间仅是平均状况。因为每个儿童的差异性,这些特征的出现会有早晚。)

成长里程碑*

			认知水平			
出生至 3 个月	**4—6 个月**	**7—9 个月**	**10—12 个月**	**13—18 个月**	**19—24 个月**	**25—36 个月**
用哭声求助	通过声音认人	喜欢看印有熟悉物品的书	主动用某些方法来解决问题，比如摇晃一个容器以倒空里面的东西	用新奇的方式探索物体的属性	在读书或游玩时根据要求辨别指出不同物体	有目的性地使用物品
反射行为	喜爱一些重复动作，如晃动摇铃，以制造外部结果	区别熟悉与陌生的面孔	根据要求，指出身体的各个部位	通过不断的尝试解决问题	根据形状与色彩分类	活动时与人私下进行沟通
喜好看图案、大圆点、水平条纹和人脸	用眼睛搜索声音来源	带有目的性的行为	故意掉下玩具，然后反复看向掉落物体的方向	实验因果关系，比如打开电视机、敲鼓等	认出照片上和镜子里的自己	一维式区分物品，例如区分小车与积木
模仿成人的面部表情	喜欢看自己的手和脚	期待即将发生的事情	挥手道别	玩指示身体部位游戏	进行模仿	遵照二步式指令行动
用眼睛搜索声音来源	寻找一部分被遮掩的东西	找到完全藏起的物品	显示更强的记忆能力	模仿他人有趣的行为	玩功能性游戏	对自己选择的活动花更多时间，注意力更集中
在一定距离外认出熟悉的人	有目的性地使用玩具	不成熟地模仿一些日常举动	遵循简单的一步式指令	认出照片上的家庭成员	找到被移出视线之外的物品	读书时自然辨别指物
重复某些肢体动作，例如吮吸、挥拍和抓握	模仿简单动作	开始喜欢装满和清空容器	根据外观对物体进行分类		通过内部表示法解决问题	与其他孩子玩假想游戏
发现手脚隶属于自己	凭借已有动作探索玩具，如吮吸、敲打、抓握和摇晃		到第二个地方寻找物品		根据性别、人种和头发颜色等区分自己和他人	在数一套物品时，获得初步的数字概念
						开始培养相对概念，如大小、高矮和里外
						开始发展时间概念，如今天、明天和昨天

（成长里程碑所列不同特性的出现时间仅是平均状况。因为每个儿童的差异性，这些特征的出现会有早晚。）

成长里程碑*

社交能力						
出生至3个月	4—6个月	7—9个月	10—12个月	13—18个月	19—24个月	25—36个月
把头转向说话的声音	通过哭泣、咿呀声或微笑找成年人玩耍	与喜爱的成年人分离时感到难过	对一到两个保育员特别偏爱	希望引起注意	喜爱他人的陪伴	观察他人如何做事
认出基础护理人员	对熟悉的面孔做出全身反应，如盯着人看、微笑、蹬腿和挥动胳膊	通过纠缠或哭泣，努力将喜爱的成年人留在身边	与其他孩子平行游戏	模仿他人的行为	仅仅从自我的角度去观察世界	独自玩耍或与他人平行游戏
与保育员建立联系	主动与他人互动，当成年人说话时，发音回答	将成年人作为自己探索的后备力量，是这一时期的典型行为	喜欢和兄弟姐妹一起玩	对自身的存在感不断加强	可以自得其乐地玩耍，或在成年人身边玩耍	有时候会把自己的玩具给其他孩子
乐于看到人脸	朝熟悉的面孔微笑，对陌生人报以严肃的目光	当别人显得难过时，能够注意到	开始表达自己	除亲密保育员以外，愿意与他人亲近	参与功能性游戏	开始与其他孩子合作玩耍
会对人微笑示好	能区分熟悉或陌生的人与环境	喜爱观察并与其他孩子简单互动	开始培养幽默感	表明对某物的所有权	保护自己的所有物	参与社会角色扮演游戏
听到抚慰的声音会安静下来		喜爱并响应一些游戏，比如拍手和捉迷藏	通过认识身体各部位而培养自我认知	能独立完成一项任务时，独立自主的意识开始发展	在照片或镜中认出自己	想独立完成一件事
开始能区分自己与保育员		独自玩耍	开始区别男孩和女孩		可以用"我"来指代自己	越来越多地用"不"来表明自己的独立
		对某些人或物产生偏爱			通过外表的显著特征来认人，包括人种或发色	发展初步认知，即他人的愿望或感受和自己的可能不同
		出现陌生人时感到不快			对陌生人的害怕程度降低	对父母、保育员和看护者发号施令
						较少用具体行为，更多用语言来解决问题
						出现性别特征明显的行为

（成长里程碑所列不同特性的出现时间仅是平均状况。因为每个儿童的差异性，这些特征的出现会有早晚。）

成长里程碑*

情商培养						
出生至3个月	**4—6个月**	**7—9个月**	**10—12个月**	**13—18个月**	**19—24个月**	**25—36个月**
能感受并表达三大基本情绪：兴趣、沮丧和厌恶	表达快乐	使用面部表情、眼神、声音和姿势对周围的事情表达自己的情绪	继续展示快乐、愉悦、不适、生气和悲伤	经常说"不"，以显示自己的独立性	自然地对他人表示亲善	开始越来越多地感到害怕
用哭泣来表示需求	回应保育员的情绪	更经常地表现出恐惧和愤怒	当愿望受阻的时候表达气愤	能辨别几种情绪	用行动去安慰别人	开始能意识到一些基本情绪的后果
被拥抱时会安静下来	开始分辨熟悉与不熟悉的人	通过经验来控制自己的情绪	对令人沮丧的事情表示愤怒	将行为和情绪联系起来	显示如骄傲和尴尬等情绪	学会应对强烈情绪的技巧
感受并表达快乐的情绪	当一个熟悉的人抱起自己，表示偏爱	通过他人的情绪来觉察他人的意图	开始愿意顺从保育员的要求	开始理解复杂的行为模式	在对话和游戏中自然使用情绪化的词	学习用更精确的词来与人沟通情绪
对人报以微笑	帮忙扶住一个奶瓶	看向别人以获取暗示，决定自己应该如何行动	对游戏被迫中止通常很介意	能够通过沟通来表达需求	开始对别的孩子和成人表示同情	显示共鸣与关心的迹象
阅读并辨别成人的面部表情	用不同的方式表达快乐，对着熟悉的人微笑或者大笑	害怕陌生人	开始用一把调羹吃饭	对想要的东西也可能说"不"	很容易因批评而受伤	会失去情绪控制，发脾气
开始能自我控制情绪			脱穿衣服时协助配合	可能失去控制，发脾气	因目标受阻，有时会发脾气	会在发脾气后恢复过来
大声笑			对动物、娃娃玩具有充满爱心的举动	有自我意识的情绪，如羞耻、负罪感和害羞	能将面部表情和简单的情绪定义联系起来	愿意帮忙收拾玩具、拿杂物袋
会使用一些自我安慰的技巧，如吮吸大拇指或橡皮奶嘴			可以自己用手吃完一餐饭（食物可用手拿）	很容易受挫		开始能在准备大小便前给人提示
			成功完成一项任务时自己拍手庆贺			期待每日惯例的发生

（成长里程碑所列不同特性的出现时间仅是平均状况。因为每个儿童的差异性，这些特征的出现会有早晚。）

成长评估

所有孩子都有潜力，不过表现在不同的方面。他们都有学习的能力，并发展自己的主张、观点和策略。所有的孩子都有权利在这样的学习中获得成人的支持与帮助。所以，教师和父母应该多观察他们，多倾听他们的心声（Gandini & Goldhaber，2001）。

评估是一个过程，其间包括观察、倾听和记录孩子的行为，以判断一个孩子的发展程度，并确定孩子的教育需求。这个过程适用于一个孩子、几个孩子和一个儿童集体。在评估发展的过程中，你的观察技巧是主要的工具，通过观察和倾听，你会更多地发现孩子的需求、兴趣和能力。

这也是一个简单的过程。你的眼睛和耳朵就像摄像机镜头，可随时捕捉孩子的行为、语言、态度和偏好。多数状态下，你应该检视孩子在面对你创造的那些有意义、有价值的任务时完成的能力。这样，你的评估就能和你计划和应用的全部课程直接联系起来。比如，当你和一名婴儿互动或协助一名幼儿完成一项"工作"时，你就同时在进行评估。换言之，这是一个持续发生的自然过程。具有权威性的评估要求你集中精神，并花费额外的时间去记录你的观察结果。为了在这个过程中协助你，本书在附录J中提供了一张表格。如果你照料的孩子多于一个，你可以为每个孩子复印一份。附录K是一张摘记表，能让你记录下J表中没有列出的更多行为和事件。附录L提供了一个持续记录的样本，这种评估方法能让你持续用描述的方式来进行观察和记录，并覆盖一个特定的时间段。

请注意摘记表和持续记录表的相似之处。而它们最大的不同在于观察期的长短。摘记表主要记述一件事，而持续记录表则包含某一特定时间段内所有各种各样的行为。所以，持续记录表提供的是特定时间段内行为的全景式记录。

你也可以收集代表孩子能力的各种手工制品。比方说，收集孩子制作的艺术品、涂鸦或雕塑作品。要记录那些无成品活动中孩子的表现，可以使用照相机或摄像机。

保育员和父母为什么要去评估幼儿的发展，有好几个原因：第一个原因，评估伴随着成长，会注意到随着时间而来的进步与变化，从而提供学习与成熟的明证。父母或保育员做下的每一条记录都是孩子成长的珍贵"片段"。将几个片段汇集在一起，就是一张孩子成长发育的变化图。典型的情况是，孩子的成长发育遵循着一个可预见的次序。比如，孩子先是哼哼，然后才会出现咿呀学语。同样地，他们先学会对人微笑，然后才学会挥手再见。孩子也会在同一种技能的学习上持续一段时间，比如在用大拇指和其他手指拾取东西这件事上，他们可能会耗费几个星期甚至是几个月。最后，孩子的发展也会出现倒退，尽管这种情况不常见，但在低潮期仍可能发生。比如说，一个幼儿在吃饭时已能有效地使用调羹，但仍可能倒退至随手抓取食物吃的状态。

第二个原因，评估可让人深入了解孩子的习惯、兴趣和性情。这些信息对父母和保育员是非常有价值的，能帮助他们决定自己应采取什么样的态度。当你了解一个孩子的时候，就更容易满足他的需求。比方说，有些孩子在不同的活动转换之间颇感困难。了解这些信息，对迎接一天中的每一个必经环节（如吃午饭）就能做一些针对性的准备。

第三个原因，评估所获得的信息可让你充分考虑孩子的成长发育状态。它们可以直接指导你如何为孩子设计合适的活动。在不同的活动中间，你的计划应达到一种平衡，使发展的各个领域都得到支持、促进和强化。当孩子对有些技能已经掌握，但仍然显得兴致勃勃、乐此不疲时，便可以设计一些重复的活动。而另一些活动则可以呈阶梯状，由持续发展的活动组成。有些活动可以作为一个挑战，通过较高的技能水平要求来刺激孩子的发展。这时，孩子往往需要成年人更多的支持和协助，以完成学习目标，并构建对学习的自信。

第四个原因，发展数据的收集能帮助你与他人进行有效的沟通。比如说，如果你照顾的不是自己的孩子，你需要这些材料与他们的父母或监护人进行讨论。同样地，如果你自己就是父母，你也需要与保育员、儿科医师或其他与孩子相关的重要人员分享这些信息。所以，你自己也应保存一份档案，包含各种表格、照片、录像、艺术作品和其他代表孩子成长的资料。

最后一个原因，成长评估的进行应保证所有发展领域的数据都被收集。人都会有不同的价值取向，所以，有意无意的选择关注很容易使他们忽视或轻视某个发展领域。如果没有对所有的领域进行全面评估，向孩子提供的玩具、器材和活动很可能无法满足他们的需求。想要进行有效的评估，你首先要将收集的资料整理成一个严整的格式。你选择何种格式完全取决于你打算如何使用这些数据（Helm，Beneke，& Steinheimer，1998）。

比方说，如果你想和别人交流一下孩子在一个特殊活动中的学习状况，你可能需要展示一些活动中收集的工作成品、拍摄的照片，以及孩子在活动中的谈话记录。如果是比较早期的儿童活动，信息可用一张二维表来展示（附录 N）或一张三维的"看看我干了什么？"

而且，为了交流儿童现有的发展水平，你可能需要创建一个活页夹，包含各类信息，比如成长检测表、摘录表、持续记录表、照片、录像带以及代表孩子成长的手工艺术品。

尊重孩子

尊重、体察、荣誉、价值，这些词很少用来描述低龄的孩子。在较大的孩子和成年人那里，这种特性倒是往往被重视的。那么，该如何在一开始就将这些特质根植于幼儿的心中呢？

在你的行为中，必须时时透露出尊重。更重要的是，对幼儿的尊重必须是自然而然、发自内心的。你必须相信，幼儿作为一个人，是值得你去付出时间和关注的。因为一种尊重的人际关系对孩子成长的方方面面都意义重大。举例来说，当婴儿感受到尊重，会学会信任成年人，并倚仗他们来满足自己的需求。这种信任的基础使得他们在学步期勇于去探索周围的环境。因此，信任会带来对世界的认识和对自我地位的认识。

对婴幼儿表示尊重看起来很难，因为习惯上我们很少这样看待孩子。不过，实际并非如此。尊重意味着相信孩子探索的能力、解决问题的能力以及在他们自己的世界发起事件的能力。它也意味着应为某些行为设定界限。当然，这也并不总是那么容易的，因为随着孩子的独立自主性越来越强，他们会想凡事自己动手。我们认为这是对孩子表示尊重的最重要时期。仔细观察他们，可以发现各种求助的信号。控制好我们自己的行为，别做得太多，也别做得太少，幼儿需要"恰到好处"的帮助，以协助他们的成长和学习。

而且，正面的引导技巧也能增强自主与自信。比如说，当一个孩子正拓展身体的机能，又跳又爬地玩耍时，我们应保证他有一个安全的区域玩耍。如果他自己选择的地点不合适，应将他引导到一个安全的地点并说："你如果想跳，可以从这个台阶跳到这个垫子上。在这里玩比较安全。"这种引导的技巧既顾及到孩子潜在的活动欲望，又找到了一个更安全的替代方式（Marion，1999）。而且，画出一道清晰的界限可以让孩子在一定范围内做出自己的选择。表示尊重并不等同于让孩子掌控成年人。事实恰恰相反。尊重孩子的成年人已经建立了清晰的规则并施行不怠。成人也应向孩子解释这些规则的由来和原因。事先申明规则事实上能帮助孩子遵守它们，从而培养出道德感（Charlesworth，2000）。

关于幼儿的书籍著作很多，且专为父母、保育员和教师而写。但不幸的是,绝大多数都把焦点集中在了"麻烦的两岁"这点上。其中的原因很简单:一方面,这时期的孩子很多事情都想独立完成,因此一味拒绝帮助,哪怕协助近在眼前。他们也在认识情绪,并学习控制情绪的方法。不幸的是,他们常常会失控,就像我们自己也会在生活中偶尔发作。

另一方面,两岁的孩子兴致勃勃,充满自信和幽默感,对成人来说是欣喜的源泉。在一个尊重的前提下,这个时期的两面性应被充分理解。明智的教育者懂得,孩子这时正学习生命的课程,为将来的生活打下基础。请花时间从孩子的视角来看世界。在他们的眼睛里,世界是如此新奇而引人入胜。无怪乎他们是这样的精力充沛、活泼好问。带着这样的心态,你就能与他们一同分享他们那永无止境的好奇心。

与幼儿的交流

父母和保育员在幼儿掌握交流技巧和语言的过程中,扮演着至关重要的角色。请注意听一些人在与婴儿互动或讲话时使用的特殊方式。最早,这种讲话方式被称为"母语",现在也被叫作"父母的语言"。这种讲话方式缓慢,会在语调和高音部分故意夸张变化。

当人们使用这种方式对婴儿说话时,提高的声调和缓慢的节奏能够吸引孩子的注意力。同样地,仔细清晰的发音、简化的内容也能让孩子更容易理解。通过强调一句话中的某个词,成人帮助孩子抓住了一个重点。在这种对话中,成人会有意识地强调婴儿在对话中的角色,鼓励孩子的响应,同时也对孩子的任何表示都积极响应。下面的例子就说明了这种对话的结构:

保育员:看这只猫猫。
婴儿咿呀回应:啊啊啊……
保育员:猫猫是黑色的。

婴儿咿呀回应:哦哦哦……
保育员:猫咪正在吃东西。
婴儿咿呀回应:嗯嗯嗯……
保育员:对啊,你知道猫咪饿了。

"父母语言"的通常特征

发声
- 在一些发音上尽量夸张,并提高声调
- 经常在高低音之间转换,有时也会轻声细语
- 发音更加清晰
- 在一句话中强调一到两个词
- 模仿一个孩子的发音,无论对错

简化含义
- 用简单的词汇代替更复杂的词汇,比如以"哞哞"代替"牛"
- 用低龄化的词,以"狗狗"代替"狗"
- 用最简单的分类来指代,如以"鸟"代替"鹦鹉"
- 重复孩子自己发明的词,如以"饱饱"代替"奶瓶"

改变语法
- 简化句子的语法,多用短句,如"爸爸走了"
- 用名词代替代词,如"妈妈来帮杰杰了"
- 多用复数,"我们来吃奶啦"

与孩子互动
- 焦点集中在当下环境里发生的事
- 自问自答
- 用问句多过陈述句或祈使句
- 经常停顿,让孩子发声
- 自己重复说过的话
- 回应孩子的发声,并重复、延伸和改述

(Baron,1992;Snow,1998;Zigler & Stevenson,1993)

一旦幼儿开始理解语言,他们就会使用它。对语言的理解要早于语言的产生。刚开始,新词汇出现得

很缓慢，然后就会突然呈现一个爆发。名词学起来要比动词快。孩子最早学会的词汇集中在身体各部位、玩具、衣服和社交互动上，如"拜拜"和"哈喽"。在积累了一定的词汇量后，孩子会在18个月到2岁之间，组合词语，用两个词的短语进行交流。

幼儿的注意力在3岁时会一点点延长时间，同时语言和认知的发展十分瞩目。在这个时期，他们对世界的认识是大踏步前进的。现在，孩子会用3个词的短句进行交流了。然后，在大概30个月大的时候，幼儿开始自言自语。通过与自己的对话，他们开始用语言来规范自己的行为，而并没有社会交往的意图（Fogel，2001）。

环境对幼儿语言发展的促进作用是巨大的。成年人最基本的作用就是给孩子提供一个语言丰富的环境，以鼓励孩子的探索，同时使幼儿对语言的听说交流保持兴趣。幼儿需要各种不受限的机会来交谈、阅读故事、念手指谣、唱歌和玩幻想游戏。应向他们提供玩具和家庭日用品来刺激他们的语言发展。所以，成人要多和幼儿讲话，让他们意识到，讲话就是交流。

因为语言学习是通过正式的互动来进行的，在有意义的背景和社会场合中和孩子交谈就显得很有必要。每次请尽可能地降低到他们的层次，全神贯注，以突出每个词的重要性。非语言的暗示、音调和面部表情都能传达重要的信息。交流时，多帮孩子指明一些事物、感觉和想法。为了将他们带入谈话，我们可以使用提问和制造响应情境这些技巧。

Kratcoski 和 Katz（1998）提供了一些指导原则，可用于支持儿童的语言发展，包括：

- 使用简单的句子
- 说话缓慢而清晰
- 变化语气、语调以强调关键词
- 使用有具象的词汇
- 根据儿童的发音和词汇来组句

- 说孩子感兴趣的话题
- 多评论，少提问
- 教孩子各种物品、感觉、想法、色彩和形状的名称
- 给孩子各种学习新词汇的机会，方式要有意义，同时提供更多的物品和经历，以拓展孩子的语言
- 让孩子接触丰富多样的书籍、优美的歌谣和音乐
- 将孩子的举动、想法和情绪与词汇联系起来
- 多让孩子参与他感兴趣的语言互动，可以提问或制造需要回答的语言情境
- 让孩子参与问题的解决
- 提供玩具和日常用品给孩子，以刺激孩子谈话

如何应对婴儿的行为

婴儿的暗示是很重要的。婴儿会有七种不同的行为模式，保育员应该能一一辨识。每一种行为模式都会有不同的面部表情、身体语言和警醒度。出生以后，新生儿的状态并不稳定。几星期后才会出现可预见的行为模式。而且，新生儿一天之中的绝大部分时间——16—18个小时都用来睡觉。随着孩子的日长夜大，睡眠时间会逐步减少，同时，清醒的时间不断增加。当这一切发生的时候，你应该花更多的时间和孩子互动。下面的表格提供了颇有价值的信息，以帮助辨认这七种行为模式。仔细研究一番，你能知道如何应对婴儿发出的各类信号。

提供激励和适时的互动很重要，不过孩子在各种规律的、不规律的或片刻的瞌睡中，不应被打扰。保育员应观察孩子清醒的平静时刻。在这种情况下，婴儿的面部表情放松，眼神明亮专注，眼睛完全张开。孩子的动作都很轻微，尤其是婴儿的手会摊开，手臂弯向肘部，十指叉开。

婴儿的行为模式和成年人的应对方法

状态	面部表情	行为	成年人的应对
安稳的睡眠	眼睛紧闭不动；面部表情放松	少有动作；手指稍稍曲起，大拇指伸出	不要打扰
不安稳的睡眠	眼睛紧闭，但眼球不时会动；微笑或愁眉苦脸	轻微的动作	不要打扰
半睡半醒/打瞌睡	正常与不安稳睡眠之间；眼睛半睁半闭；眼神朦胧	比不安稳睡眠中的动作少；手放松摊开；手指伸展	不要打扰；如果孩子想继续睡就抱起来；不想睡的话不要打扰
安静清醒	眼睛明亮，完全睁开；脸部放松；眼神有焦点	小动作；手摊开，手指伸展；手臂弯向肘部；眼神专注	和宝宝讲话；向其展示物品；进行评估
醒来	面色发红；不能像安静时那样专注凝视	动作剧烈；发出各种声音	和孩子互动；提供基础护理
哭泣	皮肤发红；表情痛苦；眼半睁或全睁	动作激烈；大哭；拳头攥紧	立刻抱起；找到不适的根源进行弥补，安慰孩子

哄宝宝

当婴儿开始哭泣，保育员应立即作出响应。这种反应十分重要，因为孩子需要体验那种可预计的、持之以恒的关爱。这样的关爱能让孩子学会信任，并成为以后社交情商发展的基础。而且，对婴儿哭泣的迅速响应对语言和交流技巧的发展是十分重要的。这能教会孩子，通过交流，他们的需求将得到满足。许多保育员担心，孩子一哭就作出反应会宠坏孩子，现在的研究指出，事实并非如此。有的研究发现，对年幼的孩子及时响应会让孩子以后减少哭闹。（Zigler & Stevenson，1993）婴儿是能学会信任自己的沟通成果的。

下面的表格提供了一些安抚婴儿的建议，包括采用这些措施的理由：

安慰哭泣宝宝的有效技巧和理由

技巧	理由
把宝宝举到肩膀，摇晃或走动	提供身体的接触，直立姿势和动作
用毯子紧紧包裹	限制孩子的动作，并增加温暖的感觉
让孩子吮吸自己的拳头或奶嘴	提供愉快的口唇刺激
轻柔地讲话或提供一种有节奏的声音，比如钟表或电扇	可以让孩子回忆起在母体里听到的妈妈的心跳声
轻柔的、有节奏的动作，或让孩子坐在婴儿车里出去兜风和荡秋千	用摇篮曲哄孩子入睡
持续地、轻柔地为孩子按摩	让婴儿的肌肉放松

解读非语言信号

能否与孩子建立一种人际关系，完全取决于你解读他们行为的能力。这需要相当仔细的观察。你需要研究孩子的非语言行为暗示。比如，一个孩子直视你，这是一种完全专注的行为。在这种情况下，可以继续互动。如果孩子低下头，就该停止了。下面的表格提供了一些解读婴儿行为和面部表情的方法：

孩子的视线和举动对保育员的意义	
身体语言	**通常解读**
面对面，清醒的	完全专注地投入
面对面微笑	愉悦的，感兴趣的
微微别过头去	依然有兴趣，但互动太快或太慢
完全转过头去	没有兴趣，需要暂停互动
低下头	停止互动
飞快地摇头	不喜欢某样东西
视线瞥向别处，微微仰头或部分转过头去	停止或转变策略
低下头，身体无力	已经完全放弃抵抗过度刺激

如果你无法辨识孩子的信号，婴儿可能会被过度刺激。过度刺激可能来自过密、过大的活动。声音或噪音都可能造成过度刺激。当过度刺激发生时，婴儿会自我保护，从一个状态换到另一个状态。因为在不同状态之间起伏波动，孩子、保育员和环境之间的调适就显得很重要。当孩子发出状态变化的信号时，你必须立刻改变你的行为，停止互动方式或游戏。当然，如果孩子示意准备好了，活动可以重新开始。就算婴儿的状态没有发生变化，他们的兴趣也变化得很快。有时，他们会飞快地从一个活动换到另一个。相比之下，新的活动或玩具可以完全吸引他们的注意力，时间长达15—20分钟。

使用这本书

这本书是幼儿抚育工作的良伴。要想有效利用，可以先熟读成长模式和成长评估。随后你可以用附录K中的评估表并开始收集和记录数据。一旦你收集了发展数据，进行分析，确定了每个孩子的需求、兴趣和能力，这时，你就可以在书中寻找合适的活动方案，以支持、推动和促进孩子在各个方面的发展。

在这个过程中，你需要缩小选择的范围，以避免过度刺激照料的孩子。这可以减少你的准备时间和准备材料、容器，让你有更多的精力去和孩子互动。当你面对幼儿时，也会经常出现问题，为了支持你的工作，附录J中列有一系列和婴幼儿相关的资源。它们会对你的教养工作助以一臂之力。我们希望你能享受阅读的过程，并多多应用我们设计的活动。最后，我们赠亲爱的读者一段话：

对一个宝宝而言，生命最初的时光、学习和探究都不能推翻重来。这不是排练，是正式的上台演出。

——Irving Harris

第二部分

协助婴儿出色成长

0—3 个月

4—6 个月

7—9 个月

10—12 个月

生理发育

语言沟通

认知水平

社交能力

情商培养

生理发育

0—3个月

摇摇铃

发展目标

✔ 练习抓握反应   ✔ 培养手眼协调能力

材料

☐ 3 种不同大小与声音的摇铃

☐ 3 根 18 英寸长的松紧带

☐ 6 枚尿布别针

☐ 婴儿床

☐ 毯子或垫子

☐ 遮护胶带

准备

✌ 将摇铃固定到婴儿床上。先用尿布别针将每一根松紧带的一端固定在每一个摇铃的中央。固定好摇铃后,再将松紧带的另一端固定在婴儿床的底部。调整松紧带长度,使宝宝能方便地够到摇铃,同时确保松紧带的长度足够宝宝抓住摇铃后拉至嘴边。

✌ 将毯子铺在婴儿床下,一半露在外面。

✌ 确保宝宝自始至终有人看护。

教养策略

1. 将宝宝面朝上放在毯子上,双腿垂于婴儿床围栏下,使他能方便地看到摇铃。

2. 摇动摇铃,鼓励宝宝去敲打或抓住它们。

3. 当宝宝成功地碰到一个摇铃时,热情鼓励宝宝,比如说:

   "小亚,干得好! 你在玩摇铃啦,听它的声音!"

4. 继续和宝宝互动,在一旁说:

   "再来一次!"

   "小亚,碰碰摇铃!"

5. 不断鼓励宝宝摇铃,比如说:

   "摇摇摇铃好吗?"

成长亮点

新生儿的视力很模糊,仅为成年人视力的 1/30 到 1/10。一个婴儿的视敏度和戴矫正眼镜或隐形眼镜的成年人差不多(Feldman,1998)。婴儿的视觉系统如不经练习则不会发育。他们在出生时即可视物,但却无法将两眼聚焦在一个对象上,焦距只有 8—10 英寸。所以,人脸是新生儿最喜欢的"玩具"。不过,视力是随着年龄增长而增强的,到了大概 1 岁左右,宝宝的视力就和成年人一样了。

换个花样

✌ 悬挂其他可供抓握的婴儿玩具也能增加趣味,例如橡皮玩具和小毛绒玩具。

补充信息

✌ 随时随地,都要叫宝宝的名字,同时用自己的声音和面部表情表达情感。

✌ 查看摇铃有无锋利边缘或构造缺陷,这点十分重要,因为摇铃含有小部件,长期使用或磨损后应更换部件。为避免窒息事故,如摇铃已破损应立即弃用。

✌ 摇铃游戏能增强宝宝的感官协调,使眼耳开始共同作用。

✌ 把摇铃放在一个新生儿的手里,会有自动抓握反射行为。

注意事项

❶ 扣上尿布别针后,应用遮护胶带将它们缠紧。

❶ 在婴儿玩摇铃时,要在旁仔细看护。为帮助消费者挑选 3 岁以下儿童的安全玩具,美国消费品安全委员会公布了标准,为保护婴儿安全,摇铃底端直径必须大于 1⅝ 英寸。

❶ 附录 C 为挑选玩具与材料提供了更多标准。附录 D 列出适合婴幼儿的玩具与材料清单。

❶ 任何使用毯子或垫子的活动,都必须由成年人全程看护,以防止窒息事故的发生。

抬起头，看一看

发展目标

✔ 强健上半身肌肉　✔ 练习抬头

材料

❑ 1—2个有趣的婴儿玩具

❑ 毯子或垫子

准备

✌ 选择一个方便看护的区域，铺开毯子。

教养策略

1. 将宝宝面朝下放在毯子上。

2. 依次把玩具放在宝宝面前，一边介绍说：

   "小泰，你不是喜欢摇铃吗？这有一个蓝色的摇铃，看！"

3. 停下来观察宝宝，看他是否努力抬头或抬起肩膀。

4. 不时观察宝宝的尝试、成功和兴趣。在旁提供必要的鼓励与积极引导，例如：

   "小泰，快看这只小兔子。"

   "你看到小兔子啦！"

☀ 成长亮点

　　哭是婴儿与成人的一种交流方式，也是一种针对不适的条件反射行为。婴儿可能因为疼痛、饥饿、不安、烦闷和过度刺激而哭。因为他们无法自主离开所处环境，所以要注意观察他们是否发出遭受过度刺激的信号。他们会用哭、退缩、不理不睬或睡着来表示。一旦孩子出现以上行为中的任何一种，我们应停止该项活动。

换个花样

✌ 竖起一本图画书、摇摇摇铃、移动小布偶或打个响指，都是吸引宝宝注意力的好办法。鼓励宝宝抬起上半身，只有这样才能让他们更好地观察周围事物。

补充信息

✌ 尝试新的动作技巧对婴儿来说不仅辛苦，还可能使他们产生灰心沮丧的情绪。请时刻陪伴在孩子身边，尽量避免他们产生沮丧失望的情绪。除了沮丧，婴儿还很容易疲倦。

✌ 随时对婴儿发出的信号作出反应。当孩子感觉到你的回应，会对看护人以及所处环境产生安全感。

✌ 婴儿也会对重复展示的东西产生厌烦。因此，你要定时更换视觉刺激物以避免他们的厌倦情绪。

✌ 视力发育的关键期是出生后到6个月大。

注意事项

❶ 为保障儿童安全，请登录美国消费品安全委员会网站 www.cpsc.gov，确保你使用的玩具未因质量问题而被召回过。

❶ 任何使用毯子或垫子的活动，都必须由成年人全程看护，以防止窒息事故的发生。

风铃声声 ·····

发展目标

- ✔ 练习手臂屈伸,锻炼手臂肌肉
- ✔ 发展手眼协调能力

材料

- ❑ 能发出清脆声音的风铃
- ❑ 树木或者其他可系挂风铃的物体
- ❑ 羊毛线
- ❑ 毯子或垫子

准备

✌ 在树底下挑选一块平坦的草地,将风铃用羊毛线挂在树枝上,离地面高度约 1/2 或 3/4 英尺。调整风铃的高度,确保宝宝仰躺在地上时,需要抬起胳膊才能碰到风铃。

教养策略

1. 将宝宝面朝上放在毯子上。

2. 鼓励宝宝去碰触风铃,说:

   "玛雅,看,我在碰风铃,你也行吗?"

3. 你的语言可以配合动作,抬起宝宝的手臂去碰风铃,一边解释:

   "玛雅,你正在碰风铃呢!"

4. 继续不断从正面鼓励孩子,说:

   "干得漂亮! 你碰到风铃啦,发出的声音多好听! 听! 再来一次,玛雅!"

☀ 成长亮点

婴儿在出生时,习惯采用在子宫里就习惯的蜷曲姿势。他们活动手臂时是不由自主的、突兀的。随着生长,他们的大脑开始协调全身运动,动作技巧也开始由粗变细,分成两大本能运动模式。第一种:大脑控制手臂、躯干和双腿,这一发展模式被称为头尾发展规律;第二种:对手指和双脚的控制,这种模式被称为近侧发展。因此,婴儿的手臂活动相对于躯干活动属于精细活动,而手与手指的动作相对于手臂动作则更为精细。

换个花样

✌ 练习腿部肌肉也很重要。将风铃放在宝宝的双腿上方,有助于锻炼腿部肌肉。

✌ 这项活动也可在室内进行。

补充信息

✌ 这项活动的关键在于挑选风铃。选择的风铃发出的声音越是柔和美妙,就越能吸引孩子参与活动。

注意事项

❶ 仔细检查风铃,确保各个部件不会轻易脱落。

❶ 任何使用毯子或垫子的活动,都必须由成年人全程看护,以防止窒息事故的发生。

趴趴时间

发展目标

✔ 锻炼抓握反应　✔ 发展肌肉协调技能

材料

❏ 毯子或垫子

❏ 至少1英尺见方的靠枕

❏ 2—3个宝宝喜爱的玩具

准备

✋ 选择一个平坦的区域,铺开毯子。

✋ 把靠枕放在毯子中央。

教养策略

1. 将宝宝面朝下放在靠枕上,使其上半身由靠枕支撑,这样宝宝的胳膊和手都能自由活动。

2. 每次把一个玩具放在宝宝面前时,就一边介绍说:
"彼得,这是你最喜欢的玩具。黑白小斑马来啦!"

3. 鼓励宝宝玩玩具,比如说:
"伸手抓住它!"
"和它玩一会儿。"

4. 每当宝宝尝试或真的玩起玩具来时,要表扬、鼓励宝宝:
"彼得,你拿起小斑马啦!"

☀ 成长亮点

孩子出生后的前三个月,是手与胳膊动作飞速发展的时期。手能握成拳头,最典型的动作是把大拇指藏在手心里。如果手挪到了嘴边,孩子喜欢吮吸它,这令他感到安慰。如果你掰开孩子的手指,把一个摇铃放到他的手心,他会自动握紧它。两个月大的婴儿就能牢牢抓住一个摇铃。3个月大时,婴儿就会去碰触视线里出现的物体,不过通常碰不准。除此以外,婴儿抓握东西的方式与幼儿、大孩子及成年人也有不同。婴儿首先会看看东西,然后看看自己的手,然后再看向东西,最后才伸手去碰东西。

换个花样

✋ 悬挂透光画,也会让孩子兴致勃勃地抬起头来。

补充信息

✌ 这项活动对正学习抬头的孩子来说是一种放松的休息。他们能用自己的手和嘴去探索新事物。

✌ 孩子出生后,触觉是最高速发展的感官系统之一。触摸是婴儿获取外界信息的途径之一。

注意事项

❶ 任何使用毯子或垫子的活动,都必须由成年人全程看护,以防止窒息事故的发生。

摸摸不同材质的地毯

发展目标
✔ 体验不同的材质　✔ 锻炼上半身肌肉

材料
❑ 4块尺寸一样、材质不同的地毯,如柏柏尔地毯、粗毛地毯(包含柔软、凹凸不平、光滑和富有弹性等触觉)。

❑ 地毯线、钓鱼线或胶带

❑ 装饰针

准备
✌ 将4块地毯用地毯线或胶带拼成一整块大的地毯。

✌ 挑选一个方便照管的区域,将四周清理干净,铺开地毯。

教养策略
1. 将宝宝的手一一放在不同的地毯上,同时描述不同的触觉,比如说:

   "小亚,这块是软的。"

   "这块很粗糙。"

2. 将宝宝面朝下放在地毯上。

3. 鼓励宝宝自己去感受探索地毯,比如说:

   "小亚,你正在摸柔软的那块呢!"

   "你的手正放在粗糙的地方。"

4. 定时改变地毯的位置,好让孩子的小手触到所有材质。

☀ 成长亮点

　　婴儿的大脑在出生时尚未发育完全。因此,婴儿需要外部环境的刺激。经常性、反复性的身体、智力和情绪方面的体验有助于大脑的健康成长。通过这些经验,婴儿的大脑会变得十分兴奋。

换个花样
✌ 地毯可以购买。有些地毯是透明乙烯材质,中有漂浮物,可以注入冷水,在炎炎夏日十分适宜。

补充信息
✌ 密切观察婴儿对地毯的反应。他们不一定喜欢每一种材质,如果需要,及时更换。

✌ 孩子在抬起头和肩膀时发展了协调能力。观察他们是否用手抓地毯,这种体验也能锻炼手的抓握反应。

爱的抚摸

发展目标

✔ 发展身体各部位的知觉　✔ 协调视觉与触觉

材料

❑ 婴儿乳液

❑ 毛巾

❑ 换尿布台

准备

✌ 检查换尿布台与乳液。

教养策略

1. 这项活动可以在婴儿刚换完尿布,还躺在台上时进行。

2. 在一只手心倒适量乳液,然后揉搓双手,将乳液搓热。

3. 将乳液涂抹在婴儿的胸口、后背、腹部、手臂、双腿、双手、手指和脚趾上。

4. 一边抹,一边谈论所触部位,如:

"我正在给约安的小脚和脚趾头抹婴儿霜哦!你有几个脚趾头? 1、2、3……10。对啦!约安有 10 个脚趾头!"

在这种情况下,数数可以发展孩子的节奏感,这对语言发展也十分重要。

5. 抹完乳液,帮孩子穿好衣服。

☀ **成长亮点**

婴儿需要与外界构建温暖、积极的关系。孩子是通过感觉——触觉、嗅觉、听觉、视觉和味觉来建立这种关系的。这种关系影响他们的大脑发育,也会塑造他们未来的学习和行为方式(Shore,1997)。

换个花样

✌ 临睡前进行这项活动有助于使婴儿放松。

补充信息

✌ 涂抹乳液时,宜轻轻拍打。这种动作有助于令婴儿集中注意力,感觉每次被触摸的部位。

✌ 如果孩子发出"咯咯"或"哦哦"声,凑近孩子,让孩子看清你的脸。微笑着重复孩子的声音,这有助于孩子的语言发展。

挠挠肚皮

发展目标

✔ 增加对肢体的感觉　✔ 对触觉的探索

材料

☐ 毯子、垫子或婴儿椅

准备

✌ 选择一个方便照看的区域,将毯子、垫子或婴儿椅放在那里。

教养策略

1. 将宝宝面朝上放在毯子或垫子上。如果使用婴儿椅,要用安全带将孩子固定在椅子上。

2. 沿着宝宝的双腿让你的食指和中指"走"向他的腹部,一边说:
   "娜娜*,我要抓住你的小肚皮啦!"
   做游戏的时候要面带微笑,因为孩子会模仿你的表情。

3. 碰到孩子的小肚皮时,挠他的痒痒。如果孩子喜欢这个动作,这时会作出微笑的反应。

4. 评论孩子的反应,比如说:
   "娜娜喜欢这个游戏对不对?挠你肚子的时候你笑啦!"
   "玩得很开心吧!"

5. 只要孩子流露出喜欢的神情,就继续游戏,眼睛和孩子的视线保持接触,始终面带微笑。

☼ **成长亮点**

　　婴儿的身体发育在这个时期很快,身体的各个部位几乎每一天都在起变化(Zigler & Stevenson,1993)。只要观察他们的双腿,就会发现它们越来越强壮,越来越灵活,而整个身体也从出生时的蜷曲姿态转向舒展。

换个花样

✌ 假装继续去抓孩子身体的其他部位,比如下巴或脚趾,和孩子谈论更多的身体部位。

补充信息

✌ 注意孩子的细微反应。如果孩子感到刺激过度或不想再玩,会移开视线或别开脑袋。孩子经常会用哭泣来逃避他们不喜欢的事情,比如穿衣或脱衣。

注意事项

❶ 任何使用毯子或垫子的活动,都必须由成年人全程看护,以防止窒息事故的发生。

---

* 本书对婴幼儿名字的译名,不表示性别,故一律以"他"指称。——出版者注

语言沟通

0—3个月

背诵儿歌

发展目标

✔ 培养语言表达能力　✔ 倾听母语的语言结构

材料

❑ 挑选一首儿歌（见附录 F 中的儿歌）。儿歌要短，里面的词汇必须是孩子比较熟悉的、不带幻想色彩，不要选那些以暴力为主题的儿歌。

准备

✋ 如果你已经把自己最喜欢的几首儿歌的词都记住了，就不需要准备其他材料了。但是如果你需要提示，就做个牌子把歌词写在上面，然后把牌子挂起来或者放在身边以供参考，其他成人还可以借助这个牌子进一步开展这个活动。

教养策略

1. 将婴儿放在一个能和你四目相对的位置上。
2. 背诵儿歌，用声音和面部表情来传递情感。
3. 观察婴儿是否有感兴趣的表现，比如看着你、发出声音、微笑等。如果孩子表示有兴趣，试着把儿歌再读一遍或者换首新的。

☀ 成长亮点

"Infant（婴儿）"一词源于拉丁语，意思是"没有言语"（Junn & Boyatzis，1998）。婴儿的第一声啼哭意味着其语言发展的开始。1 个月大的婴儿会对低沉的声音、哭泣声作出回应，到了 3 个月大的时候，婴儿会发出"咯咯"、"嘎吱"、"咕咕"的声音与他人交流。

　　婴儿也有许多关于他们自己世界的信息想要传递给他人。一开始，他们的交流集中在饥饿、疼痛、身体弄湿了等问题上。渐渐地，成人与婴儿的对话和社会互动中就出现了语言的学习。

换个花样

✋ 背诵你最喜欢的故事也是促进婴儿语言发展的一种方法。

补充信息

✋ 对于正在学习开口说话的婴儿来说，重复性的母语输入很重要。一种方法是你背诵童谣或小故事，这种能够促进婴儿语言发展的体验，这对于尚不能自己抬起头来的婴儿来说非常有帮助。当你抱着婴儿并和他进行语言互动时，就是在促进婴儿的语言发展。

✋ 婴儿很喜欢被抱在怀里那种亲密和温暖的感觉。

婴儿图片故事

发展目标

✔ 培养语言表达能力　✔ 练习发声

材料

❏ 婴儿的图片或招贴画

❏ 毯子或垫子(可选)

❏ 枕头

准备

✍ 把图片或招贴画挂在与婴儿视线齐平的高度上。

✍ 清空图片或招贴画旁边地板上的杂物,为毯子挪出空间,如果愿意的话,还可以在毯子上放个枕头。

教养策略

1. 在毯子上放个枕头用来支撑婴儿的身体。

2. 手指着图片以吸引婴儿的注意力,可以这样说:
   "小林,看这图上的宝宝。"

3. 按图编故事。可以一边伴随着婴儿的日常活动一边讲故事,这样会容易一些,比如说:
   "这是艾琳,她喜欢玩摇铃,她摇了一下摇铃。"

4. 强调婴儿在听故事的时候发出的任何声音,成人可以对婴儿的发声作出这样的回应:
   "哇!没错,你也喜欢摇铃,小林。"
   这样能够鼓励婴儿积极参与这种"对话"。

☀ 成长亮点

从出生那一刻起,婴儿就对声音有所感知,并且能发出声音。如果你对着婴儿说话,观察他的行为,就会发现他会跟着你说话的节奏而做动作,你说得越快,他的胳膊和大腿动得也越快;同样,如果你说话的速度慢下来,婴儿的动作也会慢下来。因此,如果你想让婴儿放松一下或者睡着,那就慢慢地、轻轻地和他说话。

1到3个月大的婴儿就会"咕咕"了,这种"咕咕"的声音是开式的,很像元音。听,你会听到"哦"、"啊"这样的声音。啼哭是不安的表现,而这种"咕咕"的声音表示快乐和满足(Snow,1998)。

换个花样

✍ 在墙上贴一些图片,高度与你的视线齐平,然后抱着婴儿在房间里边走边看,根据图片给婴儿讲故事。

补充信息

✍ 婴儿对有关其他婴儿的故事和图片特别感兴趣,所以,这种活动能够促进年龄大一点的婴儿的社会技能的发展。

注意事项

❶ 任何使用毯子或垫子的活动,都必须由成年人全程看护,以防止窒息事故的发生。

摇啊摇

发展目标

✔ 培养语言理解能力　✔ 练习沟通能力

材料

☐ 户外摇椅或吊椅

准备

✌ 观察儿童,确保他处于能够对成人的言语作出回应的状态中。

教养策略

1. 坐在摇椅或吊椅里,抱着婴儿,让他坐在你的腿上,你们俩面朝同一个方向。

2. 一边摇一边跟他聊周围的环境,你可以说不同的东西,说说你能看到的人,说话的时候尽可能使用描述性的词语,比如这样:

   "看那只红色的小鸟,它正站在那棵绿色的松树上呢!"

3. 对婴儿发出的任何声音都予以强调,举个例子,比如这样说:

   "对,那只鸟飞走了。"

   "再跟我讲讲那只红色的鸟吧。"

   这样能够鼓励婴儿继续参与这种"对话"。

☼ 成长亮点

　　用"父言母语"帮助婴儿学习,这种言语能够吸引宝宝的注意力。说话的时候脸要凑得离婴儿近一点,这样他才能看见你。要想吸引婴儿的注意力,说话的时候音调要高,要有节奏感,语句要短,语速要慢,发音要清晰,这样能够让婴儿更容易听清楚每个单独的音。

换个花样

✌ 午休前再做一次这样的活动能够帮助婴儿放松。

✌ 换种方式,不说话,唱歌给婴儿听,每个宝宝应该都喜欢。

补充信息

✌ 定期把摇椅或吊椅换个位置,这样能给婴儿展现一个新的世界,也会有新东西可看、新话题可聊。

图画书时间

发展目标

✔ 培养语言表达能力　✔ 参与话题的转换

材料

❑ 黑白图画书
❑ 毯子或垫子

准备

✌ 清理一块空地出来,铺好毯子或垫子。

✌ 打开书,立在毯子或垫子上。

教养策略

1. 让婴儿面朝下趴在毯子上。

2. 看着婴儿的眼睛引起他的注意力,说:
   "丽丽,看看我带了什么? 一本书。我们来一起读吧!"

3. 给婴儿"读"图画书。一边指着图画,一边说物体的名字,有助于婴儿将词语和物体联系起来。一边为婴儿描述这一页上的内容,一边和他"交谈"。

4. 促进话题的转换,比如问这样的问题:
   "丽丽,这是什么?"
   然后等他回应。

5. 为婴儿的发声提供积极的强化氛围,鼓励他继续作出回应,比如:
   "你说对啦! 这是个宝宝!"

6. 仔细观察婴儿是否有感兴趣的表现,如果婴儿不感兴趣了,就停下;如果他仍然觉得有意思,那就可以读第二遍、第三遍。

☀ 成长亮点

选择图片或玩具的时候,记住,和纯色的物体相比,宝宝们更喜欢各式各样的图案。刚出生的时候,他们喜欢看黑白条纹垂直交错的图案。观察他们如何用视线搜寻玩具和图案,因为水平浏览图案需要用到的眼部肌肉较少,所以新生儿都会用这个办法。

换个花样

✌ 当你读完图画书以后,允许婴儿自己来"读"。婴儿"读"的时候会抱着书舔,因此塑料书、布书就特别适合他们。

✌ 选一本带彩色图片的无字书,根据书里的东西给婴儿编个故事。

补充信息

✌ 就像婴儿玩其他玩具一样,他们也需要机会用手和嘴巴去探索图书。你可以准备几本塑料书替换纸质的书。为了保证婴儿生活在一个健康的环境里,必须常常给他们的玩具消毒。一般来说,一天下来就要做几次消毒。

注意事项

❗ 玩具要避免太阳的直射,晒热以后可能会烫到孩子。

❗ 任何使用毯子或垫子的活动,都必须由成年人全程看护,以防止窒息事故的发生。

摇篮曲

发展目标

✔ 培养语言表达能力 ✔ 倾听母语的语言结构

材料

❑ 为这个活动选一首短一点的摇篮曲。

❑ 如果你已经把自己最喜欢的几首儿歌的词都记住了,就不需要准备其他材料了。但是如果你需要提示,就做个牌子或"摇篮歌单",把歌词挂在摇篮附近以供参考,其他成人也可以用这个牌子与孩子互动。

准备

✍ 观察婴儿,选择开始活动的最佳时机。

教养策略

1. 将婴儿面朝上放在摇篮里。

2. 一边抚摸婴儿的小肚子,看着他的眼睛,一边唱摇篮曲,用你的声音和语气安抚他并告诉他现在该睡觉了。

3. 需要的话就多唱几遍。一边抚摸婴儿的小肚子一边唱摇篮曲能让他放松下来,而且还能促进他的睡眠。

☀ 成长亮点

婴儿听到的词语的数量会影响他们的语言发展。婴儿听到的语言应当和他们生活中正在进行的事情发生关联。因此,电视节目不能像养育者、兄弟姐妹或是其他婴儿熟悉的成年人那样促进婴儿的语言发展。如果想让语言刺激更丰富,你可以在唱摇篮曲的时候用CD机或录音机播放音乐来伴奏。

换个花样

✍ 轻轻地唱你喜欢的手指谣或唱首歌。

补充信息

✍ 有些时候婴儿和成人一样,睡觉前需要放松。唱歌、抚摸或轻轻地摇一摇都能够安抚婴儿。

注意事项

❶ 为了防止婴儿猝亡综合征,成人应该让婴儿背朝下仰躺着睡觉。

我在做什么？

发展目标

✔ 培养理解语言的能力　　✔ 参与对话

材料

无

准备

✌ 观察婴儿，看他的注意力能维持多少时间。

教养策略

1. 这个活动安排在日常保育活动中效果最佳，比如喂食的时候。

2. 把婴儿抱在怀里，这样你在准备奶瓶的时候能和他有目光交流。

3. 说一说你正在做的事。比如说："凯莉，我在给你热牛奶。你喜欢热乎乎的牛奶。热乎乎的牛奶更好喝。"

4. 用对话的方式回应婴儿的发声或啼哭。比如："你饿啦，我在给你热牛奶呢，这样牛奶更好喝，就快热好啦，你这么饿啊！"

☀ 成长亮点

读懂婴儿微小的动作对于评估他们的行为来说非常重要。当婴儿大大地睁着眼睛，静静地躺着的时候，他应该状态不错，并且准备和他人来个互动。当孩子处于这种状态中时，就给他唱唱歌、读读书，跟他说说话。这些都能刺激孩子的大脑，对他以后的发育和学习来说非常重要。

换个花样

✌ 说一说婴儿身边其他人正在做什么。当其他人正在为跟你互动的这个婴儿布置些什么时，这个办法最为有效。比如说："芭芭拉正在给你拿毯子呢，我把它给忘了，你得用这个毯子来睡觉。"

补充信息

✌ 婴儿通过多次重复来学习。听养育者谈论日常生活，婴儿能把特定的词语与行为联系起来，这有助于发展他们理解语言的能力。

✌ 语言的习得是儿童早期最引人注目的成就之一，语言的开端就集中在养育者和婴儿的互动中。

你在做什么？

发展目标

✔ 培养理解语言的能力　　✔ 参与谈话

材料

无

准备

✌ 观察孩子的状态，如果是在警醒的状态下，就可以开始活动。

教养策略

1. 这个活动安排在日常保育活动里效果最佳，比如准备小睡一会儿的时候。

2. 把婴儿抱在怀里，这样你在准备摇篮的时候能和他有目光交流。

3. 说一说婴儿正在经历的事。比如说："小罗，现在该打个盹啦，你很累了，一直在揉眼睛，我就知道你要睡觉了。"

4. 用对话的方式回应婴儿的发声或啼哭。比如："小罗，你很困了哦，你的摇篮准备好了，你可以甜甜地睡一觉了。"

☀ 成长亮点

婴儿的喜好广泛，每个孩子可能都不一样。通过平时的观察和试验找出他们喜欢什么和不喜欢什么。像成人一样，孩子喜欢换花样。有时候一个活泼的宝宝可能更喜欢安静的互动，而一个文静的宝宝却喜欢更有活力的互动。

换个花样

✌ 说一说其他孩子或大人正在做什么。

补充信息

✌ 在日常生活的基础上说一说婴儿经历的看护喂养等等事情，这能够帮助他们将言语和行为联系起来。因此，向婴儿描述日常生活能够极大地提高他们理解语言的能力。

✌ 这个活动既能向孩子提供语言刺激，也能提供安抚。

认知水平

0—3个月

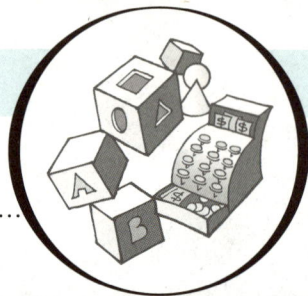

拉毛巾 ·····

发展目标

✔ 练习抓握反射　　✔ 学习有意识地控制各种反射

材料

❑ 擦手巾

❑ 毯子或垫子

准备

☝ 选一块能一直处于你视线范围内的地方,把毯子或垫子铺开。

教养策略

1. 将婴儿面朝上放在毯子上,自己面朝他坐下来,双腿呈"V"字形,坐姿要能舒适自如地弯腰。

2. 把毛巾卷起来,然后轻轻地拿起来,让婴儿的双手放在毛巾上,这样有助于刺激婴儿的手掌神经抓握反射。然后自己抓住毛巾,双手放在婴儿双手的外侧。

3. 慢慢将毛巾拉向身体,轻轻地将婴儿的肩膀从毯子上拉起来。

4. 拉起婴儿时,跟他说说正在发生的事,比如说:"小优,你在拉自己起来,好强壮的宝宝呀!"

5. 然后把婴儿放回到毯子或垫子上,确保将婴儿的头轻轻地放下来。

6. 不断重复这个活动直到婴儿表示失去兴趣。

☼ 成长亮点

婴儿通过各种信号来与人交流。视觉跟踪、直直地看着他人的脸庞都表现了婴儿的专注(Kostelnik et al.,1998)。婴儿不想继续一个活动时会用啼哭、焦躁不安、把头转向一边等方式向你示意。仔细地观察婴儿,你会知道什么时候该停下活动。搂抱、摇晃、轻拍或提供可以吮吸的东西等都可以抚慰婴儿。

换个花样

☝ 用你的食指代替毛巾让婴儿抓握。

补充信息

☝ 选择毛巾、毯子或垫子时要考虑到婴儿的喜好,一般来说,婴儿喜欢颜色鲜艳、质地柔软的织物。

注意事项

🛈 任何使用毯子或垫子的活动,都必须由成年人全程看护,以防止窒息事故的发生。

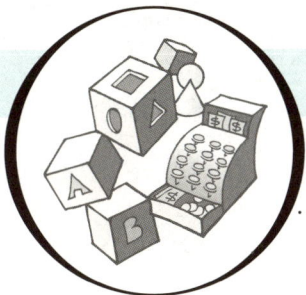

够一下

发展目标

✔ 练习手眼协调的能力　✔ 模仿养育者的动作

材料

❑ 小汽车

准备

✌ 把小汽车悬挂在天花板上,悬挂的高度要方便一手抱着婴儿的成人能够到。

教养策略

1. 把婴儿抱到小汽车那里。

2. 用手触摸小汽车并向婴儿描述正在发生的事,比如说:

   "我用手动了一下小汽车,看!"

3. 请婴儿模仿你的动作,说:

   "小德,你能让小汽车动起来吗? 用你的手碰一碰,推它,挥一下,看!"

4. 把婴儿举起来,碰一下汽车,让它动起来。

5. 表扬婴儿移动汽车,你可以说:

   "小德,你真棒,你做到啦! 你用自己的手让小汽车动啦!"

6. 请婴儿再动动小汽车,让婴儿离汽车远一点,提高挑战性。

7. 鼓励婴儿再动动小汽车,比如说:

   "小德,去够它,你能行!"

   如果婴儿动了一下汽车,表扬他,如果婴儿没有够着,继续鼓励。

8. 如果婴儿一直挥手但却够不着汽车,就抱着他靠过去一点。

成长亮点

研究表示,比起熟悉的物体,婴儿通常会花更长的时间盯着新奇的物体看(Baillargeon, 1994),他们需要他人、移动的物体、填充玩具、非玻璃制的镜子等等可看的东西来提供刺激。当给婴儿提供刺激时,仔细地观察婴儿的脸,你会很惊讶地发现婴儿在一件引起其注意的玩具上能投注多大的兴趣。

换个花样

✌ 把汽车挂在桌子的边缘,这样能促使婴儿躺在地上时去动动它,若婴儿成功地动了一下小汽车,则慢慢加大地板和汽车之间的距离,提高挑战性。

补充信息

✌ 婴儿参与活动时提供正面的鼓励。活动过程中多叫叫婴儿的名字,这样他们就能慢慢地辨识自己的名字。

注意事项

ℹ 为了安全起见,系汽车的绳子必须非常牢固,要能支撑住这个婴儿的整个体重。

乘婴儿车去观光

发展目标

✔ 发展已有的认知结构　　✔ 整合视觉与听觉

材料

❑ 婴儿车

准备

✌ 观光游在户内和户外都能进行,视天气和可利用的空间而定。如果要出去,得依照天气给婴儿穿上合适的衣服。记住,像大孩子或成人一样,婴儿也需要去外面呼吸新鲜空气。

教养策略

1. 用安全带将婴儿固定在婴儿车里。

2. 推着婴儿车开始观光,一边说说你看到了什么,比如说:

   "佳佳,那边来了一辆车,开得好快啊!"

   "这有一朵花,是黄色的。"

   不断说说你看到的东西,和婴儿交流。记住,用手指物体时,重点关注那些处于婴儿视平线上的物体。

3. 偶尔蹲下来,看着婴儿的眼睛吸引他的注意力,然后指一指周围环境里的事物。

☀ 成长亮点

一个刺激丰富的环境能够促进婴儿认知结构的发展。要做到这一点,细心且负责任的成人需要不断在环境中创造出变化。婴儿需要刺激,需要成人能够及时地给予回应。事实上,父母、家庭成员以及其他有关联的养育者如何给予婴儿回应、如何调节婴儿和环境之间的接触直接影响着婴儿的脑部发育(Shore,1997)。

换个花样

✌ 增加出游孩子的人数以增加新鲜感。

✌ 可能的话,逛逛不同的地方,如公园、杂货商店、动物园等等。邀请大一点的孩子加入你们,因为他们能带来不一样的刺激。

补充信息

✌ 永远让婴儿用眼睛去看周围的事物,太多新鲜的玩意儿可以看啦!和婴儿说话时,描述要尽可能详尽一些,发现新奇的东西时声音也要透着惊讶,这样有助于吸引婴儿的注意力。

✌ 你说话的节奏、模式和声音都有助于孩子语言的发展。

铃儿响叮当

发展目标

✔ 感受因果关系　✔ 发展已有的认知结构

材料

❑ 橡皮筋(长度取决于婴儿手掌的大小)

❑ 大铃铛,直径至少为2英寸

❑ 钓鱼线

❑ 毯子或婴儿座椅

准备

✌ 剪一截橡皮筋,长度要适合婴儿的手,如果箍在婴儿的胳膊上不会留下印子。把橡皮筋的一端和钓鱼线缝在一起,然后再将铃铛紧紧地固定在橡皮筋上,拉一下铃铛确保它牢牢地系在橡皮筋上。

教养策略

1. 将婴儿面朝上放在毯子上,或者用安全带把婴儿固定在座位上。

2. 将系着铃铛的橡皮筋套在婴儿的胳膊上。

3. 轻轻地摇动婴儿的胳膊,铃铛响起来的时候作惊讶状:

"安德烈,那是什么? 听,你能再发出那个声音吗?"

4. 等一等看婴儿是否会重复刚才的动作,如果他重复了那个动作,给予正面的鼓励,比如说:

"安德烈,你弄了一个声音出来!"

如果婴儿没有让铃铛响起来,再摇一摇他的胳膊,等一等看他会不会重复这个动作。

5. 如果婴儿没有反应,他可能正对其他某些东西感兴趣,过一会儿再试试。

☀ 成长亮点

　　婴儿会渐渐地开始注意到他们对世界产生的影响。因此,他们需要互动式的体验和结构化的游戏时间。在这个发展阶段,孩子最喜欢的是人,他很喜欢回应人们的面部表情、听人们的声音、被人们拥抱。事实上,婴儿偏好的玩具就是人脸。

换个花样

✌ 做一根系着铃铛的橡皮筋,周长适合婴儿的腿。

补充信息

✌ 无论何时,只要有可能,说话的时候都配上动作加以强化,比如,说"摇"这个词的时候,做摇的动作。

✌ 只要婴儿表现出兴趣,就尽可能延长这个活动。如果婴儿看上去害怕铃铛的声音或橡皮筋,立刻拿走橡皮筋。

注意事项

❶ 为了安全起见,使用卫生卷纸的纸芯来检查铃铛的大小,如果铃铛小的能穿过去,可能会被婴儿吞食导致窒息。

❶ 任何使用毯子或垫子的活动,都必须由成年人全程看护,以防止窒息事故的发生。

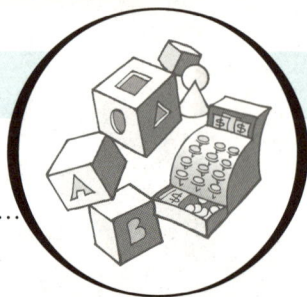

婴儿的模仿

发展目标

✔ 模仿养育者的动作 ✔ 重复一个动作

材料

无

准备

✌ 观察婴儿状态,看他是否清醒。

教养策略

1. 你和婴儿互动的一天当中,随时都可以做这个活动,但是,最理想的时机是换尿布的时候。

2. 仔细地倾听婴儿发出的任何声音(比如"哦哦哦哦")。

3. 重复婴儿发出的声音,模仿他(比如"哦哦哦哦")。

4. 通常婴儿会重复一遍这个声音来继续"对话",当他这样做的时候,表扬他或者冲他微笑以示正面鼓励,你可以这样说:

   "我们俩在聊天呢。"

☀ 成长亮点

根据新的大脑研究,婴儿的大脑从出生那一刻就开始迅速地发育,婴儿的最佳发育取决于前三年获得的经验。刚出生时,控制呼吸、心跳这些至关重要联结的脑干已经形成了。大脑神经网络与其他部分的联结还很薄弱,而这些回路负责情感、语言、数学和音乐。负责情感的回路是第一批建立起来的,因此正确的情感刺激非常重要(Shore,1997)。

换个花样

✌ 模仿婴儿的面部表情,比如皱眉或微笑等。

✌ 一边看着婴儿,一边夸张地表演一个动作,如伸出舌头或说"啊",这可能引起一段"模仿"对话。伸舌头是婴儿能够模仿的最早的一批动作之一。

补充信息

✌ 当完成一个活动的时候,婴儿会用他们的行为告诉你。他们会用啼哭、焦躁不安、把头扭向一边、睡着或其他动作来表示他们接受的刺激已经足够多了。为了防止过度刺激造成的挫折感,要有一定的敏感性,仔细地观察婴儿并回应他们的"信号"。

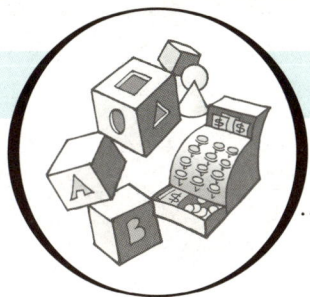

能跟上我吗？

发展目标

✔ 练习协调视觉和听觉　✔ 发展已有的认知结构

材料

❑ 毯子、垫子或婴儿座椅

准备

☝ 选择一块能一直处于你视线范围内的地方,清理干净,铺开毯子、垫子或放好婴儿座椅。

教养策略

1. 将婴儿面朝上放在毯子或垫子上,或用安全带将婴儿固定在座椅上。

2. 说一说婴儿能看见的物体以吸引他的注意力。比如说:

   "小哈,你在看我,你能跟着我做吗,我要动一动。"

3. 一边继续说话一边将你的身体移到婴儿视线中的另外一个位置,如孩子身体的一侧。

4. 观察婴儿的行为。婴儿有没有为了要看到你而移动他的身体呢? 如果你看到婴儿动了,给他正面的鼓励,比如说:"小哈,你还能看到我呀,你转过脑袋来找我啦!"如果婴儿没有回应,移回到他的视线中以重新引起他的注意。

5. 只要婴儿表现出对这个活动有兴趣,尽可能长地重复步骤 3 和步骤 4。

☀ 成长亮点

对婴儿来说,锻炼身体的两侧非常重要。在婴儿身体两侧移动并摇晃拨浪鼓,让声音均匀分布在其左右两侧。同时避免在婴儿的头部后面摇拨浪鼓,那样他很难成功地找到你。只有婴儿发育到能够控制颈部和头部的肌肉了,才能在他们的头部后面摇拨浪鼓。

换个花样

☝ 用一个柔软的铃铛、小鼓、拨浪鼓或乐器替代你的声音。

补充信息

☝ 这个阶段婴儿正在学习追踪物体,因此他们需要经验和互动,以更好地促进发育。

☝ 刚出生时,婴儿的听觉系统就已经基本发育完善了,这并不令人惊讶,因为婴儿在出生前就已接受过一些听觉训练(Feldman, 1998)。

注意事项

🛈 任何使用毯子或垫子的活动,都必须由成年人全程看护,以防止窒息事故的发生。

可以的话把那个给我

发展目标

✔ 加强臂部肌肉的协调

✔ 练习抓握发射和吮吸反射

材料

❑ 毯子或垫子

❑ 2 到 3 个塑料、橡胶或布制的婴儿玩具

❑ 至少 1 平方英尺大小的枕头

准备

✌ 选一块能一直处于你视线范围内的地方，清理干净，铺开毯子或垫子。

教养策略

1. 如果婴儿已经会抬头抬肩了，就把婴儿面朝下放在毯子上，如果他还不会，让婴儿侧卧在毯子上，用枕头支撑他的背。

2. 把玩具放在婴儿的视线范围里，然后开始描述这些玩具。比如说：
   "这是个橡胶小鸭子，你看它的眼睛，你可以捏捏这个。"

3. 把玩具放在婴儿的视线范围里，放置的高度刚好在他能够到的高度之上。

4. 用言语鼓励婴儿去够这些玩具，比如说：
   "小西，够呀，伸出胳膊，你能够到的，去够那个小鸭子。"

5. 当婴儿碰到玩具时，给予正面鼓励，比如说：
   "你够到啦，你伸出胳膊碰到了拨浪鼓。"
   用声音和婴儿分享你的热情。

6. 鼓励婴儿抓握并吮吸玩具。比如说：
   "小西，抓住那个拨浪鼓。"
   "把它放到嘴里。"

7. 如果婴儿因够不到玩具而心烦意乱或焦虑不安，就把玩具挪得近一点。

☼ 成长亮点

当够不到自己视线范围里的东西时，婴儿会感到挫败、心烦意乱甚至焦虑不安。适度的挫败也是一种积极的经验，因为它能够鼓励婴儿思考并探索用不同的方法去解决问题。但是要仔细观察婴儿发出的声音，及时地干预，把玩具挪得近一点能够避免婴儿过度的心烦意乱或焦虑不安。

换个花样

✌ 用一只球或柔软的小泰迪熊鼓励孩子抓握。

补充信息

✌ 收集各种各样的玩具，如果婴儿对某个玩具表示不感兴趣，立即换另一个。

注意事项

🛈 任何使用毯子或垫子的活动，都必须由成年人全程看护，以防止窒息事故的发生。

社交能力

0—3 个月

脚趾头在哪里？ ·····

发展目标

✔ 发展一个正面的自我印象　✔ 体验社交互动

准备

✌ 选一首歌曲（如下），包含孩子的名字。

教养策略

1. 帮孩子换好尿布后，抱下换尿布台，开始唱：

   （曲调：《伦敦大桥倒下来》）

   "罗斯的脚趾在哪里？"（耸耸肩）

   "在哪里？在哪里？"（耸耸肩）

   "罗斯的脚趾在哪里？"（耸耸肩）

   "在这里！"（指着脚趾）

2. 接着唱孩子的其他身体部位，比如手臂、手、耳朵、腿和手指等。

3. 只要孩子表现出兴趣，看着你或露出微笑，就一直唱下去。

☀ 成长亮点

　　婴儿可以通过你的面部表情、声音和反应来判断你的情绪。而且他们会模仿你的情绪，所以如果你显得忧伤，孩子也会难过；相反，如果你显得神采奕奕，孩子也会像你一样高兴。

换个花样

✌ 一面唱，一面指着自己的身体部位。

✌ 变换歌词里的名词，也可以唱嘴、鼻子、头发、大拇指和膝盖等。

补充信息

✌ 这项活动最有成效的时候是在婴儿完全睡醒、安安静静的状态下。这个时候的婴儿反应最灵敏、最愿意与人互动。

✌ 对婴儿来说，最吸引他的事莫过于观察你的脸。

你在哪儿？

发展目标

✔ 建立正面的自我印象　　✔ 发展自我认知

材料

❑ 毯子、垫子或婴儿椅

准备

✌ 选择房间里一块方便照看的区域。铺开毯子，或把婴儿椅放在那里。

教养策略

1. 把婴儿面朝上放在毯子上，或者用安全带把孩子固定在婴儿椅上。

2. 唱以下歌曲吸引孩子的注意力：

（曲调：《春天在哪里》）

"马克在哪里呀，马克在哪里？"

"马克就在这里呀，在这里。"（指着宝宝）

"今天你好吗？今天你好吗？"

"我们知道你很快乐！"

3. 谈论孩子对歌曲的反应。比如说：

"笑得真开心！马克喜欢这首歌，再唱一遍好不好？"

4. 只要孩子表示出兴趣或喜爱就继续唱。孩子感兴趣的反应是盯着你看、微笑，或发出呜呜声。

☀ 成长亮点

3个月大的时候，孩子就会随着声音转动脑袋和看向声音源头。各种各样的声音都在刺激他的大脑。通过这种刺激，形成"学习途径"，已有的与外界联系也在加强（Shore，1997）。

换个花样

✌ 把孩子移动到房间的其他位置，重复歌曲，观察孩子跟踪声音的能力。

补充信息

✌ 婴儿喜欢听歌曲，尤其是包含他们名字的歌曲。只要孩子表现出愉悦，就继续唱。孩子不感兴趣或厌烦时会移开视线，发出抱怨的声音或哭泣。

注意事项

❶ 任何使用毯子或垫子的活动，都必须由成年人全程看护，以防止窒息事故的发生。

再见歌

发展目标

✔ 发展自我认同　　✔ 发展社交技巧

准备

✌ 观察孩子的状态,来确认他的反应水平。

教养策略

1. 当一位客人、一个哥哥、姐姐或一个孩子离开的时候,唱这首歌。

   (曲调:《生产队里来了一群小鸭子》)

   "再见啦小泰,我要回家啦!"

   再见啦小泰,明天再见吧!"

2. 在孩子面前示范如何挥手再见,增加他们的社交能力。你可以说:

   "看,小泰,我在挥手说再见!"

   必要的话,每次都配合以动作。

☀ 成长亮点

　　婴儿们喜欢有规律、连续和可预见的生活环境。他们对规律适应起来很快,也喜欢并需要这样的生活规律。规律帮他们建立起安全感。他们和大一点的孩子一样,对生活中已经养成的习惯和一些愉快的感觉是有依恋的。

换个花样

✌ 每天,有家庭成员离家时,就唱这首歌。

补充信息

✌ 不断唱这首歌对成年人和婴儿都有益。

大家都在做什么？

发展目标

✔ 发展社交技巧　✔ 发展自我认知

材料

❏ 毯子、垫子或婴儿椅

准备

✌ 选择一个你可一直照看的区域，清理场地，铺开毯子或垫子。如果需要，可使用婴儿椅。

教养策略

1. 把宝宝面朝上放在毯子或垫子上。也可用安全带把宝宝固定在婴儿椅上。

2. 告诉宝宝，你要去哪里并做什么事，比如说："艾米，我在洗碗池边！我在帮你准备奶瓶，你饿啦！"

3. 观察婴儿的兴趣以及行为，讨论婴儿正在看的东西，比如说："艾米，这里有张小宝宝的海报。小宝宝坐在雪地里，雪很冷哦。"

4. 如果需要，让婴儿观察身边的人或物，比如说："看，汤米正在推一个球。他在用自己的手推球。"

5. 每当婴儿看向某样东西或人时，在一旁提供正面的鼓励，比如说："艾米，你在看我啊？我在给你热奶呢！"

☀ 成长亮点

婴儿对有声和无声的刺激都有反应。和他们玩的时候，听从他们的意愿。当他们想玩耍的时候主动参与；当他们感到满足时就到此为止。这种以他们为主导的交流是对他们需求的尊重。

换个花样

✌ 当你收拾屋子的时候，可以让宝宝手里抓一个玩具。这样，即使无人在眼前，孩子也有东西可玩。

补充信息

✌ 婴儿时刻需要照料，以保障他们的安全与健康。但这并不意味着你必须整天寸步不离地守在孩子身边。在别的房间和宝宝讲话，也能令他们有安全感。

注意事项

❗ 任何使用毯子或垫子的活动，都必须由成年人全程看护，以防止窒息事故的发生。

欢迎歌

发展目标

✔ 快乐地开始一天　✔ 发展自我认知

材料

无

准备

✌ 观察孩子的意识状况，看他是否准备互动。

教养策略

1. 当有客人、亲戚或其他孩子来访时，用名字招呼他们，比方说：

   "早上好，蕾梦娜，今天你好吗？"

2. 然后看着孩子唱：

   "你好，蕾梦娜！"

   "你好，蕾梦娜！"

   "你好，你好呀！"

   "你来了，我们真高兴！"

☀ 成长亮点

在这个时期，婴儿很喜欢被抱着参与一些周围环境里的社交活动。与后来的情况不同的是，这个时期的他们还不会分人的亲疏。

换个花样

✌ 在告别的时候，换个内容也能唱这首歌。

补充信息

✌ 婴儿喜欢听人唱歌，尤其是带他们名字的歌。

✌ 唱这种歌对孩子来说很重要，这会让他们建立起、需要并喜欢上一些习惯。而这些惯例有助于安全感的产生。

起床

发展目标

✔ 培养信任感　✔ 建立正面的自我印象

材料

无

准备

✌ 倾听孩子的哭声或观察他的行为,以确认他的清醒程度。

教养策略

1. 孩子睡醒后,把他从婴儿床上抱起来。

2. 谈论他的睡眠状况,能让孩子了解自己的行为,比如说:

   "拉拉,你睡得好吗? 你睡了很长时间哦!"

3. 查看孩子有没有需要你打理的事情。比如看看尿布是不是湿了,孩子饿不饿,边看边说:

   "拉拉,让我检查一下你的尿布。睡了这么久,你可能尿过了。"

   "你饿吗? 上顿饭是好久以前啦!"

4. 对孩子发出的声音作出响应,比如说:

   "拉拉,你的尿布湿了。我来给你换尿布。"

☼ 成长亮点

婴儿出生后,每天至少要睡 16 个小时。渐渐地,他们的睡眠时间减少,而需要的外界刺激增加。

换个花样

✌ 在喂奶时也可同样行事。总是抱着孩子,看着他的眼睛,给孩子以温暖与关爱。同时面带微笑和孩子说话。

补充信息

✌ 及时满足孩子的需求能建立起信任感。当他们感到不舒服或沮丧时,很快就会知道可以依赖你。

我来了

发展目标

✔ 培养信任感　✔ 体验人际互动

准备

✌ 随时观察婴儿发出的各种信号。

教养策略

1. 当宝宝发出信号,立刻来到他的身边,同时用语言描述你看到或听到的状况,比如说:

   "小米在哭啊,听上去很不高兴啊!小米我来了,我来帮你了。"

2. 根据你对婴儿的各种了解和知识,好好安慰他。

3. 用你的声音让孩子平静下来;

4. 用语言描述自己正为孩子做的事,比如说:

   "小米,我正在用毯子把你紧紧包起来,这样你就暖和了。"

5. 当孩子平静下来以后,继续与孩子互动。如果孩子有这个需求,会盯着你看或笑。

☀ 成长亮点

婴儿时期,孩子与成年人之间的关系是他未来与其他成年人关系的基础。如果在婴儿时期就学会信任成年人,未来他的人际关系也倾向于正面发展(Cassidy,Scolton,Kirsh & Parke,1996;Park & Waters,1989)。

换个花样

✌ 使用介绍中的其他技巧来安慰哭泣的婴儿。

补充信息

✌ 密切注意孩子发出的信号是建立正面关系的关键。必须让孩子意识到,你是可以满足其需求和可以依赖的人。

情商培养

0—3个月

识别情绪

发展目标

✔ 学会一些基本情绪的表达　✔ 学会自我安慰

准备

✌ 密切关注宝宝的动向，当宝宝流露出沮丧、难受或感兴趣的情绪时，迅速作出反应。

教养策略

1. 应用各种观察技巧和知识，辨别孩子的情绪，并加以描述：

   "小德，你在哭啊！一定是饿了，想吃东西了吧。"

   "我们来热一瓶牛奶，啊，我知道你等急了。"

   "你发脾气了，没换尿布你不开心了。我们马上换好啦，现在我在帮你拉裤子。"

2. 帮助孩子进行一些自我安慰。比如给他一个奶嘴或摇铃。婴儿吸吮它们时会感到安慰。

3. 在一旁描述这种自我安慰对孩子很有益处，比如说：

   "这个摇铃真有用，宝宝现在不哭了。"

☀ 成长亮点

在出生的头几个月里，婴儿不仅仅把哭当作一种交流手段，哭的原因也多种多样。他们会因为生气、难过、害怕、冷了、饿了或尿布湿了而哭。而且他们在感到孤独或烦闷时，会用哭声来要人给自己做伴。

换个花样

✌ 尝试用其他方法来克服不良情绪：换尿布、喂奶、抱抱、换个地方或盖上一条毯子等。

补充信息

✌ 对婴儿来说，哭就是一种交流方式，表达了生气、悲伤或害怕。仔细观察孩子才能准确识别他们的情绪和需求。

✌ 每个婴儿的情绪起伏节奏都是不同的。认真仔细地观察，外加做笔记，才能相机行事。

发展目标

✔ 识别基本情绪变化——不快、厌恶和感兴趣

✔ 学习自我安慰技能

教养策略

1. 如果宝宝在临睡前情绪不佳,用言语鼓励他吮吸拳头。比如说:

   "拉拉,你在发脾气嘛,吃吃小拳头试试看!"

   "把你的拳头放到嘴边。"

2. 如果光是语言上的鼓励还不够,主动把宝宝的拳头放到他的嘴边,再鼓励说:

   "拉拉,这样好多了。你在吃拳头了。"

3. 用一种轻柔的语调说话也有助于安慰孩子。

☀ 成长亮点

婴儿非常渴望触觉刺激。这在他们的情商发展中占据重要地位。通过养育者提供的触觉刺激与爱抚,婴儿会发展出依赖的行为。当他们与养育者之间产生健康的互动时,孩子未来能更好地应对日常生活中的挫折(Shore,1997)。

换个花样

✌ 吮吸一个橡皮奶嘴或婴儿玩具也能产生自我安慰的作用。

补充信息

✌ 婴儿在吮吸过程中会获得极大的愉悦。拳头比奶嘴更合适,因为拳头更方便卫生。不过,在教孩子吮吸拳头的同时,不要鼓励他吮吸大拇指的行为。

注意事项

❶ 在把玩具给孩子之前,必须注意安全事项并做好消毒工作。给婴儿玩具消毒时,可以将一匙家用消毒粉溶入一加仑的水中。玩具浸透消毒液后,让其自然风干。

"一级、两级、跳级生！"

发展目标

✔ 学会表达基本情绪——痛苦、厌恶、欢快与感兴趣

✔ 学会在人际交往中以微笑应对

材料

无

准备

✌ 首先观察一下孩子的精神状态——是否清醒。如果孩子有睡意,推迟这个活动。

教养策略

1. 帮孩子别好尿布别针后,在抱离换尿布台以前,念"一级、两级、跳级生！"这首童谣。

2. 一边念,手指配合着在宝宝身体上比划和上下移动。

3. 进行这项活动的时候,随时观察描述孩子的情绪,你可以说:

   "小托,你在笑啦！你真是颗开心果！"

   "小托刚刚笑得好开心,是不是很痒痒?"

4. 在互动过程中,始终面带微笑。因为婴儿喜欢模仿,你的表情会起到示范作用。

5. 只要宝宝有兴趣,就反复念这首儿歌。注意看孩子是否与你保持眼神的接触或面带微笑。

☀ 成长亮点

　　情绪是一种感觉。它会激发、组织和引导人的理解、思考和行为(Izard,1991)。对一个健康的人来说,学会表达各种情绪是十分重要的。所以婴儿需要学习自我安慰的技巧以应对悲伤、气愤或受挫等情绪。处理这些负面情绪比处理快乐心情要难得多。

换个花样

✌ 唱一首歌时,根据节奏摇晃宝宝。

✌ 手指游戏可以代替歌曲。附录F中列有供婴儿玩耍的各种手指谣。

补充信息

✌ 婴儿通过与成年人的亲密接触,学会情绪表达与各种规矩。

✌ 刚开始,婴儿的情绪反应是不由自主、不可控制的。

镜子里是谁？

发展目标

✔ 表达各种情绪，如欢乐、兴趣和厌恶等

✔ 学习自我情绪表达

材料

❑ 毯子、垫子

❑ 不易碎的镜子

准备

✌ 选择一个你可一直照看的区域，清理场地，放置毯子和镜子。

教养策略

1. 把宝宝面朝下放在毯子或垫子上。

2. 轻轻敲镜面通常能吸引宝宝的注意力。如果宝宝看镜子，可以说：

   "镜子里是谁呀？原来是娜娜。"

   如果宝宝不看镜子，再用其他话来激励他，说：

   "娜娜，做个俯卧撑！"

   "抬起头！"

   "看！这里面有个小宝宝！"

   你也可以试着挪动镜子来吸引宝宝的注意力。

3. 当宝宝看镜子时，在一旁描述你所看到的景象，重点描述孩子的表情和情绪，比如说：

   "娜娜，你在微笑呢！真是个快乐的宝宝。"

   "你抬头啦，很骄傲吧。"

4. 必要的话，尽量提供正面的激励与鼓舞，可以说：

   "娜娜，我知道抬头很难。所以你真的很努力。"

☀ 成长亮点

婴儿的面部表情通常是他们情绪状况的流露。他们高兴时就会微笑，沮丧时就会有生气的表情；当他们感到不快时，表情是忧郁的。对孩子的各种信号与暗示应做出响应。他们在出生的头几天和头几个星期就流露出明显的情绪起伏变化了。无论他们是快乐还是悲伤，都要对他们做出响应。尝试去理解孩子的感受、他们和你的交流以及他们想做的事（Shore，1997）。

换个花样

✌ 让孩子坐在你的腿上，你一手拿着小镜子，这样能够减少孩子的体能消耗，但同样可以进行一次有关情绪的对话。

补充信息

✌ 经常和孩子进行类似的"情绪对话"能让孩子学会理清自己的情绪，这对小孩子来说是十分重要的技巧。

注意事项

❶ 任何使用毯子或垫子的活动，都必须由成年人全程看护，以防止窒息事故的发生。

听着摇篮曲入睡

发展目标

✔ 听音乐放松　✔ 发展自我放松技巧

材料

- ❑ 婴儿床
- ❑ 摇篮曲磁带或 CD
- ❑ 磁带播放机或 CD 机

准备

✌ 选择一首摇篮曲播放，并把播放器材放在安全的位置。

教养策略

1. 把孩子面朝上放在婴儿床里。

2. 边跟着音乐哼唱，边轻轻抚摸孩子的肚子，这有助于孩子放松。

3. 随着背景音乐说：

   "这音乐真柔和，能让你平静下来。"

   "这音乐一听就让人想睡觉。"

   "听音乐吧，宝宝。"

4. 在宝宝睡着以前就走开，有助于宝宝发展自律技巧，完成自我平静的过程。

☀ 成长亮点

　　在这个时期，婴儿的情绪表达不仅仅是通过面部表情或声音，他们全身都会一起动作。比如遇到他们感兴趣的东西，他们会盯着看个没完，同时伸出胳膊和腿。

换个花样

✌ 在挑选音乐时，可以使用大自然的声音或古典音乐。这有助于培养孩子欣赏广泛的音乐类型，并对多种声音形式感兴趣。

补充信息

✌ 看护人的角色在这项活动中不应过分突出。要想取得良好的效果，看护人的表现应宁静安详。过多抚摸孩子会形成过度刺激，而不是放松效果。

注意事项

❶ 为防止婴儿猝死综合征诱因出现，在临睡前应始终将婴儿面朝上放到床上。

感同身受

发展目标

✔ 学会辨识各种情绪,如兴致勃勃、欢乐、厌恶和痛苦等

✔ 了解他人同样也有情绪

材料

无

准备

✌ 观察宝宝是否处于一个有兴趣学习的状态,看看什么东西能够吸引他,然后开始互动。

教养策略

1. 当宝宝看到别人正流露出情绪的时候,在一旁讨论评价,比如说:

"你看到毛毛了,他很难过,正在哭呢!因为他要妈妈。"

"你看到小西了吧,她正在笑,她正在玩摇铃呢!听,小西在摇摇铃。"

2. 继续谈话,把观察到的别人的情绪和宝宝自己的日常生活结合起来。

"当你也饿肚子的时候,也会哭的。"

"你也喜欢摇铃呀,摇起来很好玩。"

☀ 成长亮点

三个月大的时候,婴儿开始显示出对声音的兴趣。一听到声音就会转过头去。这时,对他们解释声音对他们的认知、语言和情商培养都很重要。

换个花样

✌ 谈论人的情绪,也可以向婴儿描述他们自己的情绪。

补充信息

✌ 婴儿对各种各样的声音都很感兴趣,尤其是人类的声音。所以向他们介绍这些声音是很重要的。

✌ 注意观察。婴儿在5—8个星期大的时候,开始发出"咿咿呀呀"或"喔喔"、"呜呜"的声音。这种声音通常表示舒适、快乐、满意或感兴趣。

数小猪

发展目标

✔ 一起分享兴趣与快乐　✔ 回应他人的情绪

准备

✌ 观察孩子是否准备与人互动。

教养策略

1. 在宝宝换完尿布的时候,让他的脚趾头露在外面,开始数他的脚趾头。

2. 一边数:"一只小猪,两只小猪……",一边轻轻地摇他的脚趾头。

3. 看着宝宝的脸,你的表情会引导孩子如何反应。所以摇晃他的脚趾头时,要面带微笑。

4. 形容宝宝的反应会让整个情绪表达的游戏更有意义。你可以说:

   "小海很喜欢这个游戏吧!"

   "小海笑得真开心哪!"

5. 观察孩子发出的信号,能让你知道何时该适可而止了。当孩子皱起眉头或不肯看你,就该结束游戏了。

☼ 成长亮点

　　婴儿在大脑发育过程中是积极主动的。他们会把自己的需求反映给看护人,并选择性地对不同的刺激作出反应(Shore,1997)。比如,当婴儿感到烦闷的时候会哭起来,以此希望有人把他抱到别处去。

换个花样

✌ 念别的童谣,同时继续抚摸的游戏。附录 F 中有一系列童谣。

补充信息

✌ 看护者必须时时在意,掌握好刺激的分寸。虽然孩子能示意受到过度刺激,但毕竟他们自己还无法自主离开所处环境,所以你必须密切观察孩子,一有变化就迅速作出反应。

✌ 注意,孩子对你的身体语言十分敏感。比如你的眼睛发亮或语气变得兴高采烈,他们都能察觉到。

生理发育

4—6个月

仙踪林

发展目标

✔ 完善手眼协调技巧

✔ 练习手臂伸展动作和锻炼手臂肌肉

材料

❑ 为每个玩具准备18英寸长的羊毛线

❑ 2—3个有趣的玩具

准备

✋ 每个玩具系上一根羊毛线,然后把羊毛线的另一端系在高处,调整线的长度,使孩子被抱起来时能方便地够到玩具。

教养策略

1. 把孩子抱到悬挂的玩具前。

2. 用自己的手碰玩具,一边描述说:
"小安,我正在摸玩具,看着我,我在用我的手。"

3. 鼓励孩子也来触碰玩具,说:
"你也能碰到玩具吗? 用你的手抓住它们!"

4. 把孩子举高,方便他挥动手臂。

5. 孩子碰到玩具时表扬他,比如说:
"小安,干得漂亮! 你碰到玩具了。"

6. 移动位置,让孩子离玩具稍远,再鼓励孩子够一次。

7. 鼓励孩子的时候可以说:
"小安,够够看,你一定能行! 抓住玩具!"
如果孩子够到玩具,要热情地表扬他。如果孩子没碰到玩具,继续鼓励他。

8. 如果孩子挥手多次还是够不到玩具,凑近一点,让孩子体验一次成功。

☀ 成长亮点

　　婴儿的手眼协调会不断完善。3个月大时,婴儿已经开始用不太协调的动作去抓东西。这个时期的阶段性成就包括:婴儿会向喜欢的东西伸出手去,抓握几次后,把东西拿起来。6个月大时,大多数婴儿已经能够做出复杂的伸手动作去抓住东西。他们可以在一定距离外瞄准一件物品,并将手伸过去。而且,他们会根据物体的大小来调整手的动作。拿到东西后,他们会敲打它,或把它移到嘴边(Bentzen,2001)。

换个花样

✋ 当孩子躺在地毯上时,可以用一根长绳系玩具,方便他够到。

补充信息

✋ 观察孩子对拉动线、绳的兴趣。反复拉动绳子能教会他们取得心仪之物的技巧。

注意事项

❶ 之所以使用羊毛线是因为它容易被拉断。为了防止线绳勒紧时可能产生的危险,本活动必须全程有人看护。幼小的孩子不能与带绳、丝带、弦、线或绳结的玩具接触,因为它们可能缠绕在孩子的脖子或手腕上。

滚来滚去

发展目标

✔ 练习侧身滚　　✔ 练习瞄准

材料

❏ 毯子或垫子
❏ 1—2 个有趣的婴儿玩具

准备

✌ 选择一个你可一直照看的区域,清理场地,铺开毯子或垫子。

教养策略

1. 让婴儿侧躺在毯子上。

2. 每次介绍一件玩具以吸引孩子的注意力,比如说:
   "尼克,这是一只大象,有一根长长的鼻子。"

3. 将玩具移出孩子的视线,然后鼓励孩子去找玩具,比如说:
   "大象上哪儿去啦? 找找看,滚过来。"

4. 如果孩子滚动身体或作出努力尝试,要从正面鼓励他,比如说:
   "尼克真努力呀! 你滚过来啦!"

5. 如果孩子没有试图去找玩具,将玩具移回孩子的视线范围内。慢慢移动玩具,好让孩子的视线一直紧紧跟随它。然后随之滚动身体。必要的时候用语言鼓励激励孩子。

☀ 成长亮点

　　婴儿的视觉在这一时期不断发育。他会仔细观察每件事。在这时期的生理发育中,视力占有重要的地位。颜色辨别能力开始萌芽,相较其他颜色,婴儿容易辨别的颜色有蓝色、绿色、红色与黄色(Berk,1997)。

换个花样

✌ 如果孩子准备充分,也可以让他练习从仰躺滚到侧卧。

✌ 为吸引孩子滚动身体,也可以拍打柔软的小皮球,发出动听的声音。

补充信息

✌ 把玩具同时藏在孩子身体的两侧,有助于锻炼孩子的肌肉。

注意事项

❗ 为婴儿选择玩具时,要注意安全事项。特别注意那些含有可拆卸小部件的玩具。如果它们脱落,有可能不慎进入孩子的鼻孔、耳朵和气管。

❗ 对大小可以塞入口中的玩具要特别小心。检查玩具直径,应至少大于 2 英寸。用一根卫生纸的卷筒芯来作标准。如果一根玩具可以塞入纸芯,那说明玩具尺寸过小了。

❗ 任何使用毯子或垫子的活动,都必须由成年人全程看护,以防止窒息事故的发生。

坐稳了

发展目标

✔ 锻炼腰背肌肉

✔ 通过辅助坐直身体,呈"三脚架"状

材料

❑ 毯子或垫子

❑ 靠枕或卷起的被子

❑ 玩具

准备

✌ 观察孩子,当他被面朝下放置时,如果可以自己撑起上半身,使胸部离开地面,就可以练习坐起来了。

✌ 选择一个你可一直照看的区域,清理场地,铺开毯子或垫子。

✌ 把靠枕或卷起的被子放在毯子上,以提供支撑和保护。

教养策略

1. 让宝宝在毯子上坐直。为了帮他保持平衡,分开他的双腿以增大底部面积。需要的话,调整靠枕或被子位置,保证宝宝能够坐稳。

2. 一旦宝宝在不需要你协助的情况下坐直坐稳,夸奖他,可以说:

   "看,妮妮坐起来啦!"

   "真是个强壮宝宝呀!"

3. 鼓励宝宝观察四周,可以说:

   "妮妮,看看四周,可以看到什么?"

   "看看那个玩具小丑!"

4. 进行这项活动时,必须始终有人看护,以防止任何身体伤害与窒息事故。

☀ 成长亮点

当婴儿可以从地面支撑起胸部时,就可以在辅助下练习坐起了。尽管婴儿都很想坐起来,但他们无法单独完成这个动作。在坐直和保持平衡时,他们需要协助。

换个花样

✌ 当孩子坐好后,给他一个玩具玩。注意观察孩子能否将玩具从一只手传到另一只手。

注意事项

❶ 此项活动必须始终有人照管。

❶ 婴儿在学习坐起时,经常会倒下。因此要在他的周围放满保护性软垫,比如靠枕或毯子。

❶ 任何使用毯子或垫子的活动,都必须由成年人全程看护,以防止窒息事故的发生。

握住它

发展目标

✔ 练习整只手的抓握能力　✔ 锻炼腰背肌肉

✔ 练习将东西从一只手传递到另一只手

材料

❑ 直径至少为 3 英寸的积木

❑ 毯子、垫子或婴儿椅

❑ 靠枕或卷起的被子

准备

✌ 选择一个你可一直照看的区域,清理场地,铺开毯子或垫子。

✌ 因为多数婴儿在这个年龄都无法在没有协助的情况下自己坐起来,所以应用靠枕或毯子为宝宝提供支撑和安全保护。

教养策略

1. 让宝宝坐在毯子上,为增加平衡,岔开宝宝的双腿,以增加底部面积。

2. 一旦宝宝坐稳,把积木给他,并议论一番,可以说:
"小福,看,这里有一块积木,是红颜色的! 积木摸上去很光滑。"

3. 鼓励孩子用双手拿积木,也可以用嘴咬。用语言鼓励他:
"小福,用你的另一只手碰碰它。"
"把它放到左手上。"

☀ 成长亮点

当新生儿的条件反射性抓握动作逐步弱化,取而代之的就是这个动作。不过这个抓握动作并不灵巧,手指会紧紧贴向掌心(Berk,1997)。孩子会用四根手指去抓东西,这通常也被称为"猫抓"。慢慢地,他们会学会只用一根或两根手指贴紧掌心来握住东西。

换个花样

✌ 可以提供其他玩具给宝宝,让他在坐直的时候拿着看或玩。

补充信息

✌ 说明左右手只是告诉孩子,他有两只手,且其间有小小差别。但婴儿尚无法有准确的左右手概念。

✌ 挑选玩具时要仔细,避免任何安全问题。请参考附录 C 中的标准来帮助选择。

注意事项

🛈 任何使用毯子或垫子的活动,都必须由成年人全程看护,以防止窒息事故的发生。

宝宝健身房

发展目标

✔ 培养手眼协调技巧　　✔ 练习整只手的抓握动作

材料

❑ 毯子

❑ 宝宝健身房

准备

✌ 选择一个你可一直照看的区域,清理场地,铺开毯子或垫子。

✌ 将宝宝健身房放在毯子上。

教养策略

1. 将宝宝面朝上放在毯子上。

2. 摇动宝宝健身房上的玩具以吸引宝宝的注意力。一边碰它们,一边向宝宝描述它们,可以说:
"达达,看这只小黑熊,它在叫呢!"

3. 鼓励孩子伸出手来抓玩具,可以这样说:
"达达,把手伸出来,够到小熊了吗? 试试看!"
"你碰到小熊啦! 现在抓住它!"

4. 不断在一旁鼓励宝宝去尝试,表扬他做得好,可以在一旁说:
"你抓到小熊了,它很柔软。"
"达达,你在摇这个玩具呢,真努力呀!"

☀ 成长亮点

当婴儿能够将物体送到嘴边后,他们开始用手指和手掌来做一些抓、扒的动作。可以在孩子够得到的范围内放置一些东西,这样可以刺激引导此类的手部动作锻炼。而且,孩子通过这种方法会了解使用双手的重要性。

换个花样

✌ 可以自己动手做一个婴儿健身房,用羊毛线把玩具挂在桌边。

补充信息

✌ 婴儿需要能"响应"他的玩具来学习因果关系。所以他们需要能拍打、敲击、撞响和摇动的玩具。

注意事项

❶ 事先检查婴儿健身房的稳固程度,如果把它放在不平的地方,可能不足以支撑孩子的体重,从而对孩子构成安全威胁。

❶ 婴儿玩的时候,要密切关注,确保孩子的身体不会离开地面或地板。

❶ 吊挂玩具使用过久可能有安全隐患。一旦孩子开始坐起和爬行,就不应再使用吊挂玩具。

❶ 任何使用毯子或垫子的活动,都必须由成年人全程看护,以防止窒息事故的发生。

抓住它，找找看

发展目标

✔ 练习整只手的抓握能力　✔ 锻炼上下臂肌肉

材料

❑ 毯子或垫子

❑ 木轮轴

❑ 12英寸长松紧带

❑ 尿布别针

❑ 遮护胶带

准备

✌ 准备游戏时，把松紧带的一端固定在木轮轴上。将松紧带的一端绕过轴芯，然后用尿布别针固定。

✌ 选择一个你可一直照看的区域，清理场地，铺开毯子或垫子。

教养策略

1. 将宝宝面朝上放在毯子上。

2. 拎着轮轴，让它垂到宝宝视线范围内，吸引他的注意力。指着轮轴对宝宝说：

   "帕克，看这轮轴，现在抓住它！"

3. 不断鼓励宝宝去抓轮轴，可以说：

   "你碰到它了，现在抓住它！"

   "帕克拿到轮轴啦！"

4. 当婴儿拿到了轮轴，说：

   "现在抓紧，我要开始拉了。"

   一边说，一边开始轻轻拉松紧带。

5. 鼓励孩子来锻炼手臂肌肉，可以这样解释：

   "帕克，现在轮到你了。"

   "用力拉！你在拉轮轴啦！"

☀ 成长亮点

这个时期，婴儿双手的功能越来越强。随着手眼协调的完善，他们会掰自己的双脚到嘴边。他们也会在大腿上拍自己的手。伴随着这些肢体动作，他们也在不断发现新的感官快感。

换个花样

✌ 可以将任何孩子喜爱的玩具固定到松紧带上。

补充信息

✌ 婴儿的力气可能会令你惊讶。所以必须时刻紧紧抓住松紧带，以防孩子被误伤。如果松紧带断裂，孩子会被轮轴击中。

注意事项

❶ 扣紧尿布别针后，用遮护胶带将其缠好。

❶ 任何使用毯子或垫子的活动，都必须由成年人全程看护，以防止窒息事故的发生。

坐起来

发展目标

✔ 锻炼腰背肌肉 ✔ 坐直时如何保持平衡

材料

❑ 毯子或垫子

准备

✌ 选择一个你可一直照看的区域,清理场地,铺开毯子或垫子。

教养策略

1. 将宝宝面朝上放在毯子上。

2. 和宝宝交谈,描述接下来要进行的活动:
   "娜娜,把你的两只小手伸出来。"
   "等会儿我要拉你坐起来。"

3. 一边用语言鼓励,一边用动作示意,重复说:
   "把你的一双小手伸出来。"
   然后双手握住孩子的手。

4. 轻柔缓慢地把孩子拉起来,让他坐稳。如果必要的话,分开孩子的双腿,使底部面积变大。

5. 小心扶着孩子,让他保持端正坐姿。

6. 用语言向孩子解释,让他明白发生了什么事,比方说:
   "娜娜,你把自己拉起来啦! 你现在坐得可好啦!"
   "你真是个强壮宝宝,都能坐起来啦!"

☀ 成长亮点

孩子在前倾和伸出双臂的时候,学习维持上半身的平衡。这个姿势能帮助他们在学习坐起来的时候不跌回去。最后,孩子能学会在坐起时,运用双腿的力量来保持重心。

换个花样

✌ 每当孩子仰卧并需要被抱起来时,先让他坐起来。

补充信息

✌ 婴儿经常会对一些重复动作感兴趣。所以,你可以重复这个动作,直到孩子失去兴趣。

注意事项

❶ 任何使用毯子或垫子的活动,都必须由成年人全程看护,以防止窒息事故的发生。

语言沟通

4—6个月

拍块糕

发展目标

✔ 倾听母语的语言结构 ✔ 将语言和行为联系起来

材料

❑ 毯子或垫子

准备

✔ 选择一个你可一直照看的区域,清理场地,铺开毯子或垫子。

教养策略

1. 将婴儿面朝上放在毯子或垫子上。

2. 吸引婴儿的注意力,一边做动作一边唱"拍块糕"。(拍手打节奏)

   拍块糕,拍块糕,(拍手打节奏)

   糕饼师傅,(拍手打节奏)

   给我拍块糕,(拍手打节奏)

   越快越好。(拍手打节奏)

   卷一卷,(双手卷一卷)

   拍一拍,(拍肚子)

   再写上一个J,(插入孩子名字的首字母)

   放进烤箱里,

   给我和杰杰。(指一指婴儿和自己)

3. 说一说婴儿听歌的反应,提供语言刺激。比如说:"杰杰,你笑啦,你喜欢我拍你的肚子吗?"

4. 只要婴儿兴致不减,就不断地重复这首歌。微笑、发出"咯咯"的声音、保持眼神接触都是婴儿有兴趣的表现。

☼ 成长亮点

在这个阶段——一般是6到10个月,因为婴儿能够越来越好地控制自己的发声系统,他们开始牙牙学语了。如果你仔细听他们说话,能听到婴儿开始将从母语中听到的元音和辅音交替地组合在一起。婴儿的牙牙学语开始以元音为主,后来慢慢转向以辅音为主。最典型的组合有"ma ma ma"、"da da da"、"ba ba ba"(Snow,1998)。

换个花样

✔ 把婴儿抱在怀里,调整到你唱歌时能和他目光接触的姿势。

补充信息

✔ 婴儿需要一对一地、面对面地与成人互动,他们能在这种互动里学习信任感、安全感和提高语言能力。

✔ 模仿婴儿,重复他们发出的可辨认的声音。

注意事项

🛈 任何使用毯子或垫子的活动,都必须由成年人全程看护,以防止窒息事故的发生。

牙牙学语的时间

发展目标

✔ 牙牙学语，练习发声　✔ 发展语言能力

材料

无

准备

✌ 观察孩子，看他是否会自发地牙牙学语？有没有寻求与人互动？比如，婴儿在房间里四处张望或是盯着你看。

教养策略

1. 如果婴儿看上去想跟人互动，那就靠近他，选择一个让你和他能够目光接触的姿势，如果婴儿愿意，还可以把他抱起来。

2. 倾听婴儿发出的声音，在他停下的时候模仿他的发声，然后再停顿。你的停顿能够鼓励婴儿再次发声。

3. 要想给这个对话添点新花样，就在轮到你说的时候编一串新的"咿咿呀呀"，仔细地观察，看婴儿能不能模仿。

4. 正面的刺激能够鼓励婴儿继续咿呀学语。比如说：

   "拉拉，我们在聊天儿呢！"

   "你今天说的真多呀，拉拉，再说几句！"

☀ 成长亮点

婴儿爱不爱说话一部分取决于他们从周围的成人那里接收到的刺激。因此，你得经常和婴儿聊聊天、说说话（Leach，1992）。婴儿会自己发声来回应他们听到的声音。婴儿在牙牙学语时是否费力、言语的流利度和复杂度都关系到后期用语言表达是否费力以及表达的速度。由于婴儿可能辨别面部表情之间的差异，他们也能从声音中辨别情感。5个月大的时候，与表达否定的声音相比，婴儿更愿意多听一些那些表示肯定的声音（Fogel，2001）。

换个花样

✌ 当婴儿发出一个可辨认的声音时，立刻模仿这个声音应和他。

✌ 引入新的音节。

补充信息

✌ 很多婴儿通过参与这样的"私人对话"来发展语言能力，因此，他们也需要时间自己练习"咿咿呀呀"。

✌ 仔细听婴儿的声音判断他开不开心，这能帮助成人决定是否继续做这个活动。

接下来是?

发展目标

✔ 培养接受语言的能力
✔ 倾听母语的语言结构

材料

无

准备

✌ 观察婴儿的状态,根据他警醒的程度决定何时开始活动比较合适。

教养策略

1. 这个活动适合在从一个活动过渡到下一个活动时进行,或是从日常生活中一部分过渡到另一部分时开始,事先向婴儿描述一下接下来要做的事,让他做好准备。

2. 让婴儿知道过渡时要做什么。比如:

"我给你洗好手后,我们可以坐小推车出去转一转,你喜欢在外面待着。"

"我给你洗好手后,要把你放在摇篮里,你困得不得了,想听首歌吗?"

"吃东西之前你的手要洗一洗。"

"睡觉前我要给你读本书。"

☀ 成长亮点

日常生活中固定不变的模式为婴儿创造了一个可预知的、协调一致的环境。在下个活动前做些准备对于培养婴儿的安全感非常必要。

换个花样

✌ 婴儿喜欢听歌。因此要想换个花样,可以用唱歌的方式告诉婴儿日常生活中的变换。(手指谣见附录F,歌曲见附录G)

补充信息

✌ 说一说接下来要做什么能为幼儿提供一个有关未来事件的情境,能够促进婴儿听觉记忆的发展。

《跳上跳下》

发展目标

✔ 将语言和行为联系起来
✔ 培养理解语言的能力

材料

❏ 歌曲《跳上跳下》(这里中文歌曲推荐《我有一只小毛驴》,英文原文中的韵律,中文无法表达,建议用中文歌曲替换)

❏ 标签纸或索引卡片、粗头记号笔

准备

☝ 如果你已经记住《跳上跳下》的歌词了,就不用做其他准备了。如果需要提示,可以做个牌子或卡片把歌词和动作记在上面。

教养策略

1. 坐下来,扶住婴儿让他站在你的膝盖上好让你们能够有目光接触,扶着婴儿让他轻轻地跳。

2. 唱下面的歌:
   在红色的小车里跳上跳下,(让孩子在膝盖上跳)
   在红色的小车里跳上跳下,(让孩子在膝盖上跳)
   在红色的小车里跳上跳下。(让孩子在膝盖上跳)

   你是不是我亲爱的宝贝?
   掉了一个轮子坏了一根车轴,(让孩子在膝盖上跳)
   掉了一个轮子坏了一根车轴,(让孩子在膝盖上跳)
   掉了一个轮子坏了一根车轴。(让孩子在膝盖上跳)
   你是不是我亲爱的宝贝?
   约西亚要用锤子修好它,(做工具的动作)
   约西亚要用锤子修好它,(做工具的动作)
   约西亚要用锤子修好它。(做工具的动作)
   你是不是我亲爱的宝贝?

我有一只小毛驴,

我从来也不骑。

有一天我心血来潮,

骑它去赶集。

我手里拿着小皮鞭。(做甩鞭子的动作)

我心里正得意,

不知怎么哗啦啦啦,

我摔了一身泥。

3. 用父母、兄弟姐妹或者朋友等不同的人替换歌里出现的人物,锤子、钳子、直尺等工具来替换下面的歌词。

4. 只要婴儿能够维持和你的目光接触并且一直在笑就可以不断地把这首歌唱下去。

☀ 成长亮点

儿童在重复的语言刺激中学习母语中的各种发音。在这个阶段,儿童咿咿呀呀地模仿他们听到的言语中的节奏和声音。仔细听,你会发现婴儿在"发表意见"时会放低声音,而问问题的时候会提高嗓门。

换个花样

☝ 一边做动作一边唱儿歌。

补充信息

☝ 这首歌很长,可以先唱第一句,然后停下来,如果孩子感兴趣再继续唱第二句。

图画书故事

发展目标

✔ 培养理解语言的能力   ✔ 咿呀学语

材料

❏ 图画书

准备

✌ 观察婴儿的状态,根据他警醒的程度决定何时开始活动比较合适。

✌ 把图画书放在可以够到的位置上。

教养策略

1. 抱住婴儿让他坐在你的膝盖上,这样你们俩都能看到书。

2. 吸引婴儿的注意力,说:

   "小米,我这有本书,是关于小猫的书,你喜欢小猫,我们一起看吧!"

3. 开始"读"书,一边指着图片,一边给婴儿描述图上是什么。

4. 一边指着图画一边问问题,把婴儿带入对话中,比如:

   "小米,这只小猫在做什么?"

   "这是什么?"

5. "读"的时候有停顿,让婴儿有机会"咿咿呀呀"地回应;

6. 强化婴儿的回应,比如:

   "对啦,小米,这只小猫在推球。"

7. 如果婴儿一直"咿咿呀呀"地笑着表示有兴趣,可以再读一遍这本书。

☼ 成长亮点

婴儿能从成人的行为中学会如何进行交谈方的转换。举个例子,成人应该先提一个问题,然后停下来,让婴儿有机会"咿咿呀呀"地作出回应。婴儿发出一个可辨认的音节后也需要成人的回应。

换个花样

✌ 根据婴儿的兴趣准备一本图画书。图画可以从杂志里或者平时拍的孩子照片、家里的照片、周围环境的照片里选。

补充信息

✌ 选的图画书要结实,每页上的图要很大。图片最好能反映孩子亲身接触的环境与事物。婴儿在这一阶段无法跟上故事情节的发展,所以还用不上真正印刷出版的书。

✌ 硬纸板做的图画书方便你和孩子拿在手里,也更耐用。

《一，二，系好我的鞋》

发展目标

✔ 倾听母语的语言结构 　✔ 培养节奏感

材料

❑ 婴儿椅

❑ 卡片和粗头记号笔

准备

✌ 需要的话可以把儿歌《一，二，系好我的鞋》（推荐中文儿歌《一二三》）写在卡片上，放在口袋里以便快速浏览。

✌ 选一块地方清理干净，放上婴儿椅。

教养策略

1. 用安全带把婴儿固定在椅子上。

2. 把自己调整到一个既能和婴儿目光接触，又能顾及其他需要照看的孩子的姿势。

3. 唱儿歌，吸引婴儿的注意力：

　　一，二，穿好鞋，　　一二三，爬上山。

　　三，四，关上门，　　四五六，拍皮球。

　　五，六，捡棍子，　　七八九，翻跟斗。

　　七，八，放放直，　　伸出来，两只手。

　　九，十，大母鸡，　　一共十个手指头。

4. 一边唱儿歌，一边跟着节奏用手轻轻地拍婴儿的腿。

5. 如果婴儿兴致不减，比如"咿咿呀呀"地发出声音、微笑、动来动去，能维持着和成人的目光接触，就继续唱儿歌。

成长亮点

　　婴儿第一次感受到节奏是在子宫里听母亲的心跳。旋转的风扇、滴滴答答的闹钟，这些节奏能够帮助婴儿阻挡来自外部的或者身体内部的不适，因此带着节奏的互动对婴儿的发展非常重要。

换个花样

✌ 儿歌或手指谣的节奏要简单有力，手指谣见附录F，儿歌见附录G。

补充信息

✌ 在这个阶段，数数是为了培养节奏感，而不是数字的概念。

聊聊天

发展目标

✔ 练习讲话人的转换 ✔ 培养语言表达能力

材料

无

准备

✌ 准备好尿布等物,这样能让你把注意力完全集中在孩子身上。

教养策略

1. 一边给孩子换尿布,一边告诉他你在做什么,比如:

"卡卡,我在戴手套,戴手套比较安全。"

"可能会有点冷,我要用毛巾给你擦擦屁股。"

2. 提问,把婴儿引入对话中,比如:

"下面要干吗?"

3. 停顿一下,让婴儿有时间咿咿呀呀地回应。

4. 强化婴儿的回应,比如:

"卡卡,对,我要给桌子消毒。"

"好啦,我要先给你换上干净的尿布。"

☀ 成长亮点

语言示范对儿童的发展非常重要,只有在语言刺激下,婴儿才能学会发出更复杂的音节。一个语言刺激丰富的环境能够促使婴儿说更多的话。

换个花样

✌ 说说婴儿正在看的东西。

✌ 在日常生活其他环节里重复这个活动,如喂食。

补充信息

✌ 婴儿从与成人的对话中学习重要的语言及沟通能力,因此频繁的重复这个活动能够促进婴儿在这个领域的发展。

✌ 即使婴儿的语言背景各不相同,他们的咿呀学语却很相似。聋儿的咿呀学语也是这样,但由于他们听不到反馈,聋儿咿咿呀呀的阶段要晚一些。

✌ 在这个阶段,如果婴儿没有咿咿呀呀地作出回应,他可能存在听觉障碍。一个耳朵经常受感染的孩子会容易出现听觉问题,如果出现这种情况,建议求医。

认知水平

4—6个月

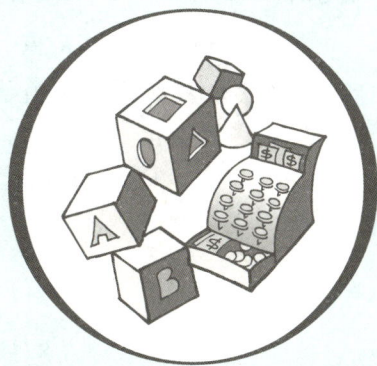

摇摇铃

发展目标

✔ 重复有目的的行为　✔ 模仿养育者的动作

材料

☐ 3 个大小、声音不同的摇铃

☐ 毯子或垫子

准备

✌ 选择一个你可一直照看的区域,清理场地,铺开毯子或垫子。

教养策略

1. 将婴儿面朝上放在毯子或垫子上。

2. 一边摇动摇铃一边描述它,吸引婴儿的注意,比如:

   "坎坎,我有三个摇铃,它们的声音都不一样,听听看。"

3. 把三个摇铃都摆在婴儿够得到的地方,教婴儿拿起一个,说:

   "摸一摸摇铃,就是这个。"

   "用手拿一个。"

4. 必要的话,说话的时候配上动作,轻轻地将婴儿的手放在拨浪鼓上,重复:

   "坎坎,用手拿一个。"

5. 讨论选中的摇铃的声音,比如:

   "这个摇铃的声音是轻轻的。"

   "那个摇铃有点吵,声音很大。"

6. 鼓励婴儿可能会激发他重复做这个动作,比如说:

   "摇摇摇。"

   "坎坎,再做一次。"

   "我想听听这个摇铃的声音,继续摇。"

   "你喜欢摇摇铃哦。"

☀ 成长亮点

婴儿需要重复一些动作或行为,来为他们已有的认知结构添加新的信息。因此,如果婴儿厌倦了某个活动,就停下来,等一会儿再来。

换个花样

✌ 坐下来抱住婴儿,让他在摇摇铃时能换一个视角。

✌ 让孩子坐下来,用能发出轻柔的音乐的球来重复这个活动。

补充信息

✌ 提供各式各样的摇铃可以吸引并维持孩子的兴趣,那种能看到各种颜色并发出声响的透明摇铃对孩子特别有吸引力。

✌ 更换婴儿的摇铃和玩具,让他既有熟悉的玩具,又有新的可以玩。

注意事项

❶ 仔细照看玩摇铃的婴儿。为了帮助消费者为 3 岁以下的儿童挑选安全的玩具,美国消费者安全委员会建立了零部件规格的标准,摇铃的一端的直径必须大于 1⅝ 英尺,这样的摇铃对婴儿来说才是安全的。

❶ 附录 C 中有选择材料和器械时可参照的其他标准,附录 D 中有为婴幼儿列出的材料和器械清单。

❶ 无论何时,一旦使用了毯子或枕头,成人必须时刻关注婴儿的举动,以防发生窒息事故。

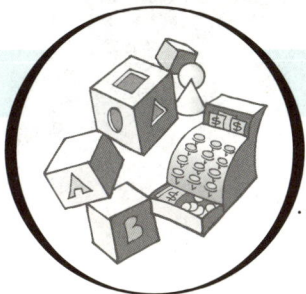

啪嗒掉下来

发展目标

✔ 提高对客体永久性的理解　✔ 提高问题解决能力

材料

❏ 高脚椅子

❏ 有趣的婴儿挤压发声玩具,如橡胶脚垫

准备

✌ 收好玩具,帮婴儿把高脚椅准备好。

教养策略

1. 趁午餐前,吃的和奶瓶还没完全准备好时开始这个活动。

2. 用安全带将婴儿固定在椅子上,固定好托盘。

3. 把橡胶脚垫放在托盘上吸引婴儿的注意,需要的话可以这样说:

   "夏伦,看这个玩具,这儿是脚,脚趾可以嚼的。"

4. 观察婴儿如何与玩具互动,最后婴儿可能会把玩具从托盘上扔下来,提一些问题帮助婴儿认识到,这个东西看不见的时候,其实还在那里。比如问:

   "玩具去哪儿了夏伦?"

   "我们要不要找一找这个玩具?"

5. 给婴儿提一些建议,帮助他找到玩具,比如说:

   "看看地板上。"

   "看看周围。"

6. 只要婴儿尝试寻找玩具,不管找没找到都给予鼓励,说:

   "你在找那个玩具呀,夏伦。"

7. 说话的时候可能需要配上动作加以强化,比如:

   "玩具在这儿,在地板上呢。"

   一边捡起玩具递给婴儿。

成长亮点

　　4 到 5 个月大的时候,婴儿会逐渐完善对因果法则的理解。通过把玩具扔在地上,然后观察到一系列的连锁反应,他们能认识到自己的力量作用于周围环境的结果,所以,他们会有目的地继续扔东西。

换个花样

✌ 日常生活中,当玩具被扔到地上并遗忘的时候,都可重复这个活动,尤其是步骤 4 到步骤 7。

✌ 让婴儿坐在婴儿椅里,而不是高脚椅上。

补充信息

✌ 当抓握反射放松下来时,婴儿手里的东西就会掉下来。在这个阶段,这种行为并不是有意识的,这个活动能教他们寻找掉落的东西。

✌ 进行活动的时候多叫叫婴儿的名字。在这个阶段,当听到自己的名字时,孩子开始能作出回应。

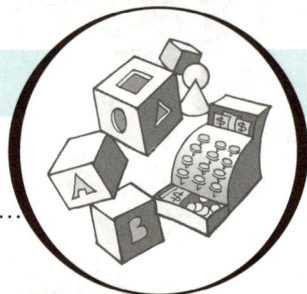

它在哪儿？

发展目标

✔ 提高对客体永久性的理解　✔ 提高问题解决能力

材料

❑ 一个有趣的婴儿玩具，如小型的动物造型填充玩具

❑ 轻薄的毯子

准备

✌ 清理出一张儿童桌（如果有的话），没有的话可用咖啡桌代替，将填充玩具放在桌上。

教养策略

1. 坐在桌旁，盘腿，然后让婴儿坐在你的膝盖上好给他必要的支撑，调整坐姿好让婴儿离桌子近一点。

2. 一边指，一边描述这个玩具以吸引婴儿的注意，比如，说：
   "麦麦，看这个小狗，是黑白两色的。"
   "看到小猪了吗？一只小猪'呼噜呼噜'。"

3. 一旦将婴儿吸引过来，就用毯子把玩具的一部分盖住。

4. 问婴儿：
   "它去哪儿啦？小狗在哪儿？"

5. 如果婴儿没有寻找玩具，给一些提示鼓励他去找：
   "麦麦，找找玩具在哪儿。"
   "把毯子掀起来。"

6. 只要婴儿尝试寻找玩具，不管找没找到都给予鼓励：
   "麦麦，你看，小狗被你找到啦！"
   "你掀开毯子，小猪藏在里面呢！"

☀ 成长亮点

　　这个阶段的婴儿正在学习一个叫"客体永久性"的原则，即当物体不在视线范围内时依然存在。这个阶段，当物体的一部分处于视线以外时，婴儿一般会去寻找并最终找到物体。

换个花样

✌ 可提高活动的难度，趁婴儿在看别处时，用毯子盖住玩具的一部分。

补充信息

✌ 鼓励孩子寻找藏起来的物体有助于发展他们对于客体永久性的理解。

✌ 婴儿需要各种质地的东西（如硬的、软的、粗糙的等等），他们通过抓握、拍打、啃咬、触摸这些物体来学习，因此活动结束时要提供玩具以供他们探索。

注意事项

🛈 无论何时，一旦使用了毯子或枕头，成人必须时刻关注婴儿的举动，以防发生窒息事故。

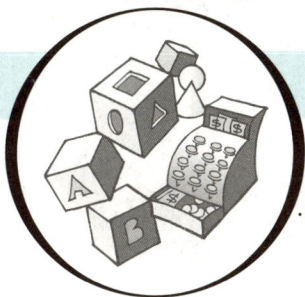

你去哪儿啦？

发展目标

✔ 提高对客体永久性的理解

✔ 提高对因果关系的理解

材料

❏ 轻薄的毯子

❏ 备用尿布

准备

✌ 收集好所有的材料，放在换尿布台附近以便促进活动顺利进行。

教养策略

1. 在换尿布时或换完尿布后开始这个活动。

2. 把毯子揉成一个小球然后递给婴儿，鼓励他用双手抓握。

3. 当婴儿把毯子往嘴边递时，孩子的脸可能会消失在你的视线范围里，用兴奋的声音问：

   "斯蒂芬妮去哪了？"

4. 婴儿可能会放下胳膊看看你，如果他这样做，可以说：

   "哦，原来你在这呀，史蒂芬妮，你没走呀！"

5. 要培养婴儿对因果关系的理解，必须得对婴儿的行为表示出兴趣，比如说：

   "史蒂芬妮，你把脸挡起来的时候我就看不到你了。"

☼ 成长亮点

现在婴儿在和人或物体互动时会更有意图，看，他们会摇动摇铃来听听响声，看看接下来会发生什么。在进入这个阶段前，婴儿摇动摇铃主要是肌肉活动，而现在婴儿会用咿咿呀呀的声音来吸引你的注意。

换个花样

✌ 用手挡住你的脸，然后问："史蒂芬妮去哪儿了？"

补充信息

✌ 捉迷藏和躲猫猫是 24 个月左右大的孩子最喜欢的游戏，因此经常地重复这些游戏很重要，能够促进婴儿的学习，培养安全感。

注意事项

❓ 无论何时，一旦使用了毯子或枕头，成人必须时刻关注婴儿的举动，以防发生窒息事故。

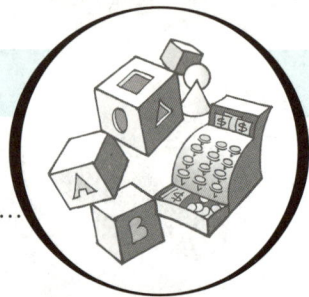

钓鱼

✔ 感受因果法则　✔ 提高对客体永久性的理解

材料

❑ 一根毛线

❑ 比较轻的鱼形玩具

准备

✌ 将线的一段系在玩具鱼上。

教养策略

1. 让婴儿坐在高脚椅上,系好安全带。

2. 一边给婴儿看鱼一边说:

   "米米,这有一条鱼,看看,它系在一根绳子上。"

3. 把绳子挂在高脚椅的托盘边上,让婴儿能够轻松地抓住绳子,鼓励婴儿去找鱼,比如说:

   "找一下鱼在哪里,它去哪儿啦?"

   "拉拉绳子找找鱼,米米。"

4. 如果婴儿没找到鱼,你可能需要跟他说话的时候配上动作加以强化。举个例子,一边触摸绳子一边说:

   "抓住绳子,拉一拉,鱼就会来啦。"

5. 给予正面的鼓励能够帮助婴儿继续这个游戏。比如说:

   "米米,你做到啦,你拉了一下绳子,鱼就上来了。"

   "你找到鱼了。"

☀ 成长亮点

在这个发展阶段,婴儿的记忆广度和注意力持续的时间正在逐渐延长。他们会注意到动一下或拍一下摇铃能发出响声,同样他们也会注意到扔下一个勺子之后会发生什么,有的婴儿会把它捡起来,做个鬼脸,甚至"评论"几句。于是,婴儿可能会不断重复这些行为来获得行为的后果,他们正是这样学习因果法则的。

换个花样

✌ 准备三根毛线,把鱼系在其中一根上,鼓励婴儿把鱼找出来。

补充信息

✌ 一开始,婴儿可能不会找鱼。因为"眼不见"意味着"心不烦",鼓励他们去找鱼有助于提高他们对客体永久性的理解。

注意事项

ℹ 在这个发展阶段,无论婴儿在玩什么玩具或游戏,包括棉线,成人都需要一刻不停地在旁照看,因为婴儿有"物体饥饿症",什么都要放进嘴里研究研究。

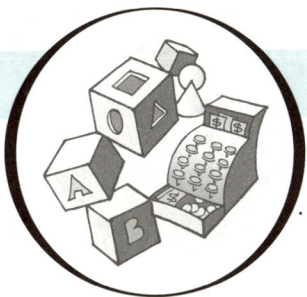

我要怎么玩？

发展目标

✔ 使用已有的认知模式　✔ 发展新的认知模式

✔ 感受因果法则

材料

❏ 一个婴儿从未见过的玩具

❏ 毯子

❏ 3 到 4 个枕头

准备

✌ 选择一个你可一直照看的区域，清理场地，铺开毯子或垫子。

✌ 用枕头在毯子上摆一个半圆。

教养策略

1. 让婴儿坐在枕头中间，需要的话调整一下枕头以支撑婴儿的身体。

2. 把玩具举到婴儿的视线高度以吸引他的注意，说："莉莉安，这儿有个新玩具，你要怎么玩呢？"

3. 观察婴儿如何探索这个玩具，注意婴儿如何使用已有的认知模式来探索物体。比如，看婴儿会不会吮吸、抓握、扔、摇动或拍打物体。

4. 帮助婴儿发展新的认知模式，建议他用新的方法探索物体。比如，如果婴儿吮吸或抓握物体，建议他摇一摇，并展示给他看怎么摇："摇一摇，莉莉安，摇摇摇。"

5. 需要的话，说话的时候配上动作加以强化，一边轻轻地摇晃婴儿的手臂，一边说："摇摇摇。"

☼ 成长亮点

婴儿需要物体和机会来探索因果法则，在这个发展阶段，他们已经发展出数量惊人的方法用感官来探索物体：看、尝、摸、听和嗅。鼓励他们不断在已有的模式上添加新的方式来探索物体。

换个花样

✌ 重新给婴儿一个他喜欢的玩具，观察婴儿的探索，有什么变化吗？

补充信息

✌ 如果没有新玩具，孩子可能会失去兴趣。但玩具并不需要很贵，箱子、木勺、量勺、不易碎的杯子都可以用来代替玩具。

✌ 通过摆弄各种物体，婴儿可以从不同的角度去观察它们。

注意事项

❶ 为了安全起见，你给婴儿的物体要够大，这样才不会被他们吞下去，重量也要轻一点，并且不易碎。

❶ 无论何时，一旦使用了毯子或枕头，成人必须时刻关注婴儿的举动，以防发生窒息事故。

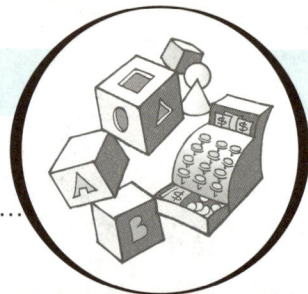

动动小鸭子

发展目标

✔ 用身体制造想要的效果　✔ 提高问题解决能力

材料

❑ 轻薄的毯子

❑ 有趣的婴儿玩具,如橡皮鸭子

❑ 儿童桌或咖啡桌

准备

✌ 把一张小桌子清理干净,在桌上铺开毯子,你们坐的地方距离桌沿5到6英寸。

✌ 把玩具放在毯子中间。

教养策略

1. 坐在桌边,盘腿,让婴儿坐在你的膝盖上,给他必要的支撑,需要的话调整一下姿势好让婴儿坐得离桌子近一点。

2. 一边指着玩具,一边描述它以吸引婴儿的注意,比如说:

"托托,看这个小鸭子,你喜欢捏鸭子,会发出声音的。"

3. 鼓励婴儿去拿小鸭子:

"抓住毯子,拉一下毯子,拉,动一下小鸭子。"

4. 你可能需要在说话的时候配上动作加以强化,如果是这样的话,轻轻地将婴儿手放在毯子上,说:

"碰碰它,托托,抓住毯子。"

"现在,拉它一下。"

5. 在活动中不断提供正面强化以维持婴儿的注意,比如说:

"托托,你抓住毯子。"

"你动了一下毯子。"

"你知道怎么拿到小鸭子。"

"看呀,你在捏小鸭子呢。"

成长亮点

这个阶段的儿童在快速地学习,他们的发展取决于先天的遗传与后天环境的交互作用。儿童的茁壮成长需要刺激,与父母及养育者的互动有益于儿童的发展。

换个花样

✌ 在婴儿面朝上躺在地上的时候重复这个活动,能鼓励孩子用一只手或身体的一侧支撑身体,这个姿势还能锻炼婴儿的上半身。

补充信息

✌ 这个活动能够促进问题解决能力的发展,在你的帮助下,婴儿能够成功地参与这个活动。几个月的时间,他们就能够独立地重复这个活动了。

注意事项

ⓘ 无论何时,一旦使用了毯子或枕头,成人必须时刻关注婴儿的举动,以防发生窒息事故。

社交能力

4—6个月

想玩吗？

发展目标

- ✔ 与一位熟悉的成年人互动
- ✔ 吸引一位成年人的注意力
- ✔ 培养信任感

准备

✌ 认真观察孩子，看他是否有兴趣与人互动。

教养策略

1. 当婴儿有兴趣与人互动交流时，会发出"嗯嗯啊啊"的声音或微笑，同时寻找或目不转睛地盯着他熟悉的人看。

2. 当你观察到这类信号时，靠近孩子，与孩子视线相接。

3. 用语言响应孩子发出的信号，可以说：

   "你在告诉我，你想玩吧？"

   "你已经吸引到我的注意力啦，我们开始玩吧！"

   "我听到你的嗯嗯啊啊了，我们多聊聊。"

4. 继续向孩子描述正在发生的事情，并模仿孩子发出的声音。

成长亮点

在这个成长阶段，婴儿通常会自己选择一名看护者进行互动。他们也很喜欢社交游戏，响应他人的情感流露。事实上，在5个月大的时候，他们就已经能够分辨对方快乐与悲伤的语气（Feldman，1998）。

换个花样

✌ 一起玩一个喜欢的玩具。

补充信息

✌ 婴儿很喜欢咿咿呀呀地自言自语，为了吸引看护者的注意，他们会微笑、小声尖叫和使用例如蹬腿等肢体语言。这一活动能够进一步培养他们的沟通技巧。

发展目标

✔ 模仿看护者的行为

✔ 与熟悉的成年人进一步培养感情

材料

❏ 毯子或垫子

❏ 4个靠枕或一条被子

❏ 2个木轮轴

❏ 2个铝制平底锅

准备

✌ 选择一个你可一直照看的区域,清理场地,铺开毯子或垫子。

✌ 如果孩子自己能够坐稳最好。如果不能,用靠枕或卷起的被子为他提供支撑。

教养策略

1. 让宝宝坐在毯子或垫子上,分开他的双腿以保持坐姿平衡。调整靠垫或卷起的被子的位置与高度,保证孩子能坐稳。

2. 在宝宝两腿间放一个铝锅,并给宝宝一个木轮轴。

3. 自己也选择一个位置,能看着宝宝的眼睛,然后在自己腿上也放一个铝锅。

4. 先观察宝宝如何接触新玩具。

5. 然后鼓励宝宝用手头的工具进行演奏,你可以说:

"小莫,拿轮子去敲锅子。"

"用力敲敲看!"

6. 如果需要,以动作配合语言,再次重申:

"小莫,看看我是怎么敲的。"

"我在用木轮轴敲锅子。"

7. 正面的激励会带来不断重复的行为,可以热情地对孩子说:

"小莫正在表演音乐节目哪!"

"当当当,你正在用木轮轴敲平底锅。"

8. 用语言向宝宝发出邀请,用快乐的情绪去感染孩子,比如说:

"让我们一起开个音乐会吧!"

"我能请你一起演出吗?"

☀ 成长亮点

在这个成长阶段,孩子会流露出对看护人的好感。他们会微笑、大笑、咿呀儿语、扭动身体并经常看着你的眼睛。而且,他们会喜欢与你保持亲密的距离。

换个花样

✌ 查看附录 H,里面有一系列适合幼童、可以发出音响节奏的工具。

补充信息

✌ 婴儿在行动后得到呼应会非常高兴。所以这项活动也是一种因果关系的思维训练。

注意事项

ℹ 无论何时,一旦使用了毯子或枕头,成人必须时刻关注婴儿的举动,以防发生窒息事故。

面对面

发展目标

- ✔ 继续培养与熟悉成年人之间的关系
- ✔ 建立信任感

材料

- ❑ 面积至少达 1 平方英尺的靠枕
- ❑ 毯子或垫子

准备

- ☝ 选择一个你可一直照看的区域,清理场地,铺开毯子或垫子。
- ☝ 把靠枕放在毯子中央。

教养策略

1. 把宝宝面朝下放在靠枕上,让他的双手能够自由活动。

2. 自己俯卧在毯子上,面孔距离宝宝的面孔 8—12 英寸,说:

   "小德,往上看,你看到什么了?"

   "把你的头抬起来。"

3. 当宝宝抬头看你的时候,用微笑鼓励他,你还可以说:

   "小德,我看到你正在看我哦。"

   "你的头抬起来,我就看到你了。"

4. 只要宝宝显得有兴趣,就继续和他聊下去。

☀ 成长亮点

让孩子变得好奇、自信与聪慧的最佳途径就是给他们始终如一的关爱。对孩子的需求应及时给予呼应。这会在他们与看护者之间建立起非常正面的关系(Shore,1997)。

换个花样

- ☝ 这项活动可以在户外进行。
- ☝ 可以躺在宝宝的身边,向他描述你们俩共同关注的事物。

补充信息

- ☝ 互动时间的长短并不决定活动的质量。专注、认真的一对一沟通交流才是建立信任感的关键。

注意事项

- ❶ 无论何时,一旦使用了毯子或枕头,成人必须时刻关注婴儿的举动,以防发生窒息事故。

漂浮球

发展目标

✔ 练习吸引成年人注意力的技巧　✔ 培养信任感

材料

❏ 毯子或垫子
❏ 4个靠枕或一条被子
❏ 一个内有悬浮物的透明球

准备

✌ 选择一个你可一直照看的区域,清理场地,铺开毯子或垫子。

✌ 如果孩子自己能够坐稳最好。如果不能,用靠枕或卷起的被子为他提供支撑。

教养策略

1. 让宝宝坐在毯子或垫子上,分开他的双腿以保持坐姿平衡。调整靠垫或卷起的被子的位置与高度,保证孩子能坐稳。

2. 一边介绍,一边把球递给孩子,可以说: "莎莎,这里有个球,是圆的。"

3. 观察孩子拿球后的反应。

4. 注意孩子的表现,是愉快还是不高兴。因为球很容易滚掉,造成孩子的灰心。专注于孩子的反应才能让你及时应对。

5. 对孩子的愉悦表示,如咿呀作声或大笑,要及时回应,这能进一步鼓励孩子并延长他把玩球的时间。你可以在一旁说:
   "莎莎,你正在看球滚呢。"
   "你让它滚过来滚过去吧。"

☀ 成长亮点

球是能长期陪伴孩子的一种玩具。4个月大的时候,孩子就会注意观察在他附近、色彩鲜艳并滚动的球了。4—8个月大的时候,孩子就会伸手碰球。而且,孩子想玩球的时候,双手会自然合拢。通过触觉,孩子开始体验"圆"的概念(Abrams & Kaufman,1990)。

换个花样

✌ 提供孩子一件他喜欢的玩具,让他慢慢玩。

补充信息

✌ 看护者对孩子的响应会建立起信任感。对孩子愉悦或不快信号的快速反应也能增强信任感。

✌ 如果球滚开了,孩子可能会失望沮丧。

注意事项

❶ 无论何时,一旦使用了毯子或枕头,成人必须时刻关注婴儿的举动,以防发生窒息事故。

行动－反应

发展目标

✔ 培养自我认知　　✔ 开始意识到他人的存在

材料

❑ 大毯子或垫子

❑ 儿童健身房

准备

☞ 选择一个你可一直照看的区域,清理场地,铺开毯子或垫子。

教养策略

1. 把孩子面朝上放在健身房里。

2. 观察宝宝如何玩里面的玩具。

3. 描述宝宝的行为,可以在一旁说:

"安安,你正在拍小熊。"

"这下你抓住小熊了。"

4. 鼓励孩子尝试新的玩法,可以这样建议:

"安安,你可以像我一样玩吗? 注意看,我正在拍它们。"

"现在你也开始拍它们了吧,太好了,你拍到了!"

5. 不断用语言激励孩子的行为,表扬他们的努力尝试与成功。

☀ 成长亮点

如果感到不舒服或压力,婴儿会当即流露出来。因为他们缺乏处理这些问题的有效技巧。成年人必须用渐进的方式让孩子来接触陌生人与新体验。否则,这些新的刺激可能会造成孩子的紧张。孩子一紧张就会哭,这时必须尽量安抚孩子。

换个花样

☞ 把孩子面朝下放在毯子上,然后把健身房放在孩子面前,让他从一个新的视角去观察。这项活动能强健孩子的上臂和躯干肌肉。

补充信息

☞ 孩子可能会把更多的时间花在抓那些悬挂在健身房内的玩具上,而不是注意你。这对这个年龄的孩子来说是正常行为。如果现场有其他孩子或兄弟姐妹,鼓励大家一起玩。

注意事项

❶ 无论何时,一旦使用了毯子或枕头,成人必须时刻关注婴儿的举动,以防发生窒息事故。

找到一个好朋友

发展目标

✔ 发展自我认知

✔ 继续与熟悉的成年人培养信任关系

材料

❑ 大毯子或垫子

❑ 4个靠枕或一条被子

❑ 婴儿玩具

准备

✌ 选择一个你可一直照看的区域,清理场地,铺开毯子或垫子。

✌ 如果孩子自己能够坐稳最好。如果不能,用靠枕或卷起的被子为他提供支撑。

教养策略

1. 让宝宝坐在毯子或垫子上,分开他的双腿以保持坐姿平衡。调整靠垫或卷起的被子的位置与高度,保证孩子能坐稳。坐在宝宝身边,和他保持视线接触。

2. 递给宝宝一个玩具,一面描述,一面这样说:
   "小梅,我有一头大象给你哦!"
   "看它的长鼻子。"

3. 描述孩子的动作行为,可以这样说:
   "小梅,你正抓着大象,摸它的长鼻子。"

4. 继续讨论孩子的行为,比方说:
   "小梅正在和大象玩,你在吸它的鼻子。"

5. 鼓励宝宝尝试新的玩法,可以这样建议:
   "小梅,摇摇大象,听!大象出声啦!"

☼ 成长亮点

当婴儿出生时,他们在认知上并不能将自己和养育者区分开来。在一岁到一岁半这段时间,他们开始努力建立自我认知。经常对孩子喊他们的名字就是对这种发展的一种协助。而且,用名字来明确自己的身份,也能显示此刻是两个不同的人在进行互动。

换个花样

✌ 这项活动准备得当,也可以在户外进行。

补充信息

✌ 孩子专注于玩具的时间经常会多过看你的时间。这对该年龄阶段的孩子来说是很正常的行为。不过,如果你同时也在照看其他的孩子,鼓励他们也参与到这个游戏中来。这能促进重要的社交技巧的发展。

注意事项

❶ 无论何时,一旦使用了毯子或枕头,成人必须时刻关注婴儿的举动,以防发生窒息事故。

飞毯

发展目标

✔ 与熟悉的成年人互动　　✔ 培养信任感

材料

❑ 毯子

准备

✌ 选择一个平坦而柔软的区域,清理场地,铺开毯子。

教养策略

1. 把宝宝面朝下放在毯子上。

2. 先向孩子解释一下接下来要进行的活动,比如说:"卡卡,接下来我们要坐飞毯咯! 你抓牢,我要来拉你了。"

3. 你可能需要用动作来强调你刚才的话,帮孩子抓牢毯子。

4. 一边慢慢倒退,一边拉毯子,对孩子的表现作出响应,可以说:

   "哇,卡卡! 你在动啦!"

   "多好玩呀! 我拽着你的飞毯往前往前!"

   "感觉怎么样? 新鲜吗? 要我慢一点吗?"

5. 和孩子谈论这种前进方式的感受,你可以说:

   "卡卡,这真是一次颠簸之旅呀!"

   "这样动很滑稽吧!"

☀ 成长亮点

将孩子带到户外或是一个全新的环境,对孩子来说是一种很重要的体验。通过户外活动与手推车散步,孩子会慢慢适应一个更大的世界。

换个花样

✌ 坐婴儿手推车外出对孩子来说也是一种体验方式。

✌ 也可以在户外草坪上进行这项活动。

补充信息

✌ 要根据孩子的情绪来调整活动。事先要密切关注孩子发出的种种信号。如果孩子显得害怕或者沮丧,立刻停止活动并安慰孩子。

注意事项

ℹ 无论何时,一旦使用了毯子或枕头,成人必须时刻关注婴儿的举动,以防发生窒息事故。

情商培养

4—6个月

拿好奶瓶

发展目标

- ✔ 发展自助能力 ✔ 发展独立意识
- ✔ 更清晰的自我认知

材料

- ❑ 奶瓶
- ❑ 成人摇椅

准备

✌ 如果需要，热一下奶瓶。

教养策略

1. 坐进摇椅，让宝宝坐直，两人的视线保持接触。

2. 把奶瓶给宝宝。

3. 用语言描述即将发生的事，可以说：

   "城城，到了午饭时间了，该吃奶啦！"

   "你肚子饿了吧，吃得这么快。"

4. 鼓励宝宝自己拿着奶瓶，可以这样对孩子说：

   "城城，帮我个忙，你自己拿住奶瓶。"

   "用你自己的手拿住它。"

5. 你可能需要动作来配合你的语言。你可以主动把宝宝的双手放到奶瓶上，同时说：

   "城城，碰碰奶瓶。现在自己用手拿好。"

6. 鼓励孩子做好这个动作，可以用一些正面的表扬，包括：

   "城城，你做到啦！现在自己能拿奶瓶啦！真是个大孩子啦，自己能喂自己啦！"

☀ 成长亮点

　　婴儿通常是很渴望自己照顾自己的。他们最早尝试的方法之一就是在吃奶的时候自己拿奶瓶。最典型的是，婴儿通常在 5—7 个月大的时候能够自己拿奶瓶。

换个花样

✌ 拿一个玩具给孩子自己抓着。

补充信息

✌ 5—6 个月大的时候，可以给孩子一块磨牙饼干。

✌ 给婴儿喂奶的时候，用臂弯拥着孩子，让他的头部始终高于胃部，这样有助于胃里的空气上升，方便打嗝。而且，这样可以避免奶水倒灌入耳廓，引起耳痛。

✌ 通过喂奶、换尿布这样的日常规律行为，孩子能够与照顾者建立亲密的信任关系。

墙上的镜子

发展目标

- ✔ 表达基本的情绪，如兴趣、厌恶、痛苦和欢乐
- ✔ 对他人的情绪作出回应

材料

❏ 打不碎的镜子

准备

✌ 把镜子挂到墙上，高度对一个成年人适宜即可。

教养策略

1. 邀请宝宝来玩，可以说：

   "小德，你想玩吗？"

2. 如果孩子用眼神接触或微笑表示出兴趣，就把孩子抱起来，让孩子和你都面向同一方向。

3. 走到镜子跟前。

4. 轻轻敲下镜子，吸引孩子的注意力，然后可以说：

   "我看见小德在镜子里。"

   "小德正看着我。"

5. 观察孩子流露出的情绪，并加以描述，比如说：

   "你在笑，小德，心情很好吧。"

   "你皱眉头啦，不高兴吗？"

6. 自己做一个和孩子不同的表情，然后用语言向孩子描述。

☼ 成长亮点

婴儿对镜像是很感兴趣的。不过，他们还缺乏应有的认知来意识到镜中的影像就是自己。注意观察，经常在他们哭的时候，把他们抱到镜子前，会让他们把注意力集中到自己的影像上。

换个花样

✌ 把孩子抱到镜子前，向他描述你自己的每一个表情。

补充信息

✌ 婴儿对自己的情绪有一个表达和控制的学习过程。他们需要学习如何表达正面及负面的情绪。

✌ 你自己表述个人情绪的方式对婴儿来说就是一种教育。婴儿会阅读并响应你的肢体语言、说话语气及用词选择。他们会在你不知不觉的时候把一切看在眼里！所以，必须时刻都顾及你的情绪，因为它很容易传递给孩子。

我来帮你

发展目标

✔ 学会回应成年人的安抚　✔ 学习自我安慰技巧

材料

❑ 最喜爱的玩具

准备

✌ 观察孩子,看他是否流露出痛苦的情绪。

教养策略

1. 当宝宝流露出痛苦的情绪的时候,立刻采取行动。

2. 根据平时你对孩子好恶的了解,来决定采取哪一种安慰方式。比如说,把孩子抱起来,轻轻摇晃,到处走走,都可以起到安抚的效果。

3. 和孩子谈谈他的感受,比如说:
   "达达,你被吓着了。刚才的声音是够大的。"
   "你生气了。"
   "你很难过吧。"
   为了能准确描述出孩子的情绪,仔细观察孩子和周围的环境。

4. 当孩子平静下来以后,给他一个心爱的玩具,建议他吮吸、敲打和抓牢这个玩具。这些行为都有安抚的效果。

5. 用语言强调孩子玩玩具的行为,可以这样说:
   "达达,你在啃这个玩具。啃啃东西可以让你平静下来。"

☼ 成长亮点

　　快乐情绪的表达在 6 个月大的时候会出现选择性差异。婴儿在与熟悉的人互动时,会笑得更多。这种行为可以理解为,孩子想让看护者多多留在自己身边。

换个花样

✌ 让孩子平静下来,可以给他们一条毯子或一个奶嘴(注意,必须是安全物品)。参考序言中有关安抚哭泣宝宝的各种方法。

补充信息

✌ 这段时期,孩子对熟悉的成年人表现出更积极的响应与情感表达。请密切观察他们以及他们的反应。

真好玩！

发展目标

- ✔ 学会用大笑来回应养育者的关心
- ✔ 表达快乐情绪

材料

❏ 毯子、垫子或婴儿椅

准备

✌ 选择一个你可一直照看的区域,清理场地,铺开毯子或垫子,放下婴儿椅。

教养策略

1. 把宝宝面朝上放在毯子或垫子上,或用安全带把宝宝固定在婴儿椅上。

2. 一边做动作,一边念以下童谣:

   山上有座庙,(握拳)

   庙里有几个小和尚?(看自己的拳头,耸肩)

   小和尚挑水下山坳,

   走在山阶上,

   1个和尚,2个,3个,4个,5个。(每念一个数字就伸出一根手指头,数到5的时候,伸手去抚摸孩子的肚子)

3. 始终面带微笑,让宝宝感觉到这种互动是很快乐的。希望孩子能模仿你的举动。

4. 讨论宝宝对这个游戏的反应,可以说:

   "马克,你在笑啦,这游戏很好玩吧。"

   "马克笑得这么开心,肯定很喜欢这个游戏吧!"

5. 只要孩子显示出兴趣,就一直玩下去。记得看着孩子的眼睛,并面带微笑。

☀ 成长亮点

婴儿5个月大的时候,就会哈哈大笑了。你可以积极响应孩子的大笑,报之以微笑或大笑。

换个花样

✌ 唱一首喜欢的歌。参考附录F,里面包含一系列手指谣。附录G中包含一系列歌曲。

补充信息

✌ 婴儿会模仿你的举动,所以多朝他们微笑或大笑。

注意事项

❶ 无论何时,一旦使用了毯子或枕头,成人必须时刻关注婴儿的举动,以防发生窒息事故。

真疼！

发展目标

✔ 沟通关于疼痛的感觉　✔ 学会控制情绪的技巧

材料

❑ 冰的磨牙环

准备

✌ 将经过消毒的磨牙环放在冰箱里，令其保持冰冷的感觉。

教养策略

1. 当婴儿开始哭的时候，立刻给予回应。通过对孩子与所处环境的了解，找出宝宝哭泣的原因。

2. 用一种平静与安抚的口吻与孩子讨论他的感受，可以说：

   "依依，因为尿布湿了才难过的吧。现在我就来帮你换尿布。"

3. 如果孩子是因为出牙而感到不舒服，把冰的磨牙环给宝宝。告诉他这会让他的嘴里好受些，你还可以说：

   "依依，咬这个会好受些，这是冰的。"

   "出新牙是会痛的，咬这个。"

4. 向他建议控制自己情绪的方法，可以说：

   "咬这个能够减轻疼痛。"

   "依依，哭一下也可以让你好受些。"

☼ 成长亮点

　　虽然不大的孩子在出牙的时间上有先后，不过6个月大的时候，绝大多数婴儿都开始长出前面的下排牙齿。在出牙的时候，孩子会感到很不舒服。因为出牙通常会造成疼痛和牙床肿胀，而让孩子的情绪变怪变坏。所以在出牙期，孩子会想咬东西。为减轻疼痛，孩子也会摸自己的牙床。你可以用自己的手指帮他们抚摸牙床，这样会舒缓他们的不适。

换个花样

✌ 拿经过消毒的玩具给孩子咬。

补充信息

✌ 绝大多数婴儿第一次发声都是哭。不过哭的原因可能多种多样。在出生的头6个月，有四大哭泣原因。饥饿是最常见的原因，也可能因为疼痛、烦闷或生气而哭泣。仔细观察才能更好地帮你找到孩子哭泣的原因。

帮忙脱掉

发展目标

✔ 发展自助技巧　✔ 培养自立精神

准备

✌ 把换尿布时所需要的东西收拢,放在桌边。

教养策略

1. 把宝宝放在换尿布台上后,引导宝宝在脱衣服时协助自己。比方说:

   "丹丹,我要帮你脱鞋子了,伸一只脚给我。"

   "我要脱掉你的围兜了,抬起头来。"

2. 你可能需要以动作来配合语言,比如轻轻拍下宝宝的脚,一面说:

   "丹丹,把脚伸过来。"

3. 对孩子的努力和尝试都要作出表扬:

   "丹丹,谢谢你抬手。"

   "你真的帮了我一个大忙。"

☀ 成长亮点

婴儿在探索自己的身体时,总是感到乐趣多多。注意看他们如何探索自己的耳朵。他们会一遍又一遍地对自己的耳朵又摸又拽。他们也会对自己的鼻子、肚脐眼、双脚、头发和生殖器发生兴趣。

换个花样

✌ 在外出活动和回家的之前与之后,都会脱换衣服。利用这些机会让宝宝主动参与。同时,不忘在此过程中强调不同的身体部位,比如手臂、双手、双腿和双脚。

补充信息

✌ 随着这项活动次数的增多,身心都会得到发展。孩子认识了身体的各个部位,并能展示自己的这种认知。

数数

发展目标

✔ 学会用大笑来回应看护者的关照

✔ 表达快乐心情

材料

无

准备

✌ 把换尿布时所需要的东西收拢,放在桌边。

教养策略

1. 给宝宝换好尿布后,花一些时间与宝宝互动。

2. 和宝宝玩数数游戏,可以说:

   "丝丝,我们现在玩个游戏好吗?"

3. 如果宝宝盯着你看或者微笑,即表示他有兴趣,这样就可以开始了:

   "丝丝,你一共有几只手,几根手指头呀? 我们来数数看。"

4. 先从手开始数,一边数一边碰碰孩子的手加以强调。如果可能的话,还可以配以曲调,哼唱出来。

5. 玩的时候要面带微笑,孩子很可能模仿你的表情。

6. 继续数孩子的手指头。同样地,边数边碰孩子的手指。

7. 如果玩得高兴,孩子会大笑起来。

8. 最后再强调一下孩子的情绪,可以说:

   "丝丝,你很喜欢这个游戏吧!"

   "笑得这么响,很开心吧!"

☀ 成长亮点

婴儿通常在 2—4 个月大的时候开始大笑。刚开始,笑声是对外界刺激的一种回应,比如响声或者挠痒痒。在 6 个月大的时候,笑声来自对社交或视觉刺激的认识与理解。一些玩具书或玩具(比如打开会弹出一个小丑的盒子)也会引孩子发笑。

换个花样

✌ 数孩子身体的其他部位,比如脚、脚趾、耳朵和鼻子等,都能加深孩子对这些部位名称的印象。

补充信息

✌ 分享你的热情。游戏的成功主要取决于你的面部表情。孩子会注意你的提示,从而作出反应。

✌ 在这个时期,数数主要的功能是增强孩子的节奏感,而不是数字概念。

生理发育

7—9 个月

拍拍手

发展目标

✔ 练习拍手　　✔ 练习协调手部动作

材料

无

准备

✌ 观察孩子的注意力是否集中。

教养策略

1. 如果孩子的状态良好,一天当中任何时候都适合进行这个活动。在换好尿布后进行效果尤其好。

2. 当你在给孩子换尿布的时候,就已经可以同时唱这首歌来吸引他的注意力:
   "如果感到幸福你就拍拍手!"
   "感到幸福快快拍拍你的手!"(重复)

3. 用动作来配合强调你的语言可以协助孩子发展交流技巧。这个年龄阶段的孩子已经可以很轻易地模仿你的一些新动作,哪怕平时这个动作他并没有见过。如果你的示范没有起到作用,就拿起孩子的小手教他比划,一边唱一边教。

4. 婴儿会在拍手过程中显得很愉悦。所以即使已经把歌唱完,他们还会继续微笑拍手。

5. 只要孩子显得有兴趣,并始终注视着你,就继续唱这首歌。

☼ 成长亮点

拍手对婴儿来讲是一种比较难的技巧。因为它要求手眼协调和手臂、手掌的双边协调能力。双边协调就是指婴儿的双手越过身体的中线。婴儿在4—6个月大时,在双手交替传递物品时第一次展现这种协调能力。要成功地做出一次拍手动作,需要好几块肌肉同时运作。而且,为了让两手双击,时间上的协调也很重要。

换个花样

✌ 背诵你最喜爱的童谣,一边朗诵一边按着节奏欢快地拍手。

补充信息

✌ 婴儿在这个年龄阶段还无法保持稳定的节奏感,所以坚持这项活动能够帮助他们提升这个能力。

泼泼水

发展目标

✔ 完善手眼协调能力

✔ 继续练习独立坐稳的平衡能力

材料

❑ 温水

❑ 一个不会打碎的大碗

❑ 一块塑料桌布

准备

✌ 选择一个合适的游戏场所。为了保护地板,铺开塑料桌布。

✌ 在碗里盛大半碗温水,放在桌布中央。

✌ 如果房间里温暖且不通风,脱掉孩子的外套。如果房间里比较凉,而且有风吹入,帮孩子穿上一件大的防水围兜,并卷起他的袖子。

教养策略

1. 让孩子坐在桌布上,靠近水碗。

2. 用玩水来吸引孩子的注意力,一边说:

   "约约,这里有温水。试试看,手伸进来!"

   "像我一样泼水玩。"

3. 如果需要的话,用动作配合你的语言。用你的湿手碰碰孩子的手,说:

   "约约,看到吗? 这是温水。"

   如果孩子伸手去触水,轻柔地指导孩子的动作:

   "约约,我们一起玩水吧!"

4. 正面的激励可以鼓舞孩子,让他重复这个动作,比方说:

   "约约,你在玩水啦!"

   "笑得这么甜,你很喜欢玩水吧!"

☀ 成长亮点

到了 9 个月大左右,婴儿已经在很多生理发育方面有了里程碑式的进步。他们已经可以自己坐起来,并坐得很稳;能够倚站在家具旁;可以拉着婴儿床的栏杆绕床走。他们也可以伸出手来并成功地抓住东西。观察他们也能发现,他们可以两手交替传递东西(Black & Puckett,1996)。不过,虽然他们开始使用双手,也开始显露对使用某只手的偏好,但对身体一侧的完全控制则要到 24 个月大时才能稳定下来。

换个花样

✌ 只要天气状况允许,可以到户外进行这项活动。

✌ 可以添几样玩水的工具,比如一只小杯子。

补充信息

✌ 定时检查水温,如果水冷了就添加热水。

注意事项

❗ 为了防止孩子烫伤,要小心水温。水温应相当于孩子喝的牛奶温度。

一起走

发展目标

✔ 练习步行反射　✔ 发展平衡技巧

材料

无

准备

✌ 为减少安全隐患,事先清理步道和场地。

教养策略

1. 对孩子想走路的意愿给予积极的响应。婴儿在这个时期已经尝试走路,但往往不成功。平时要注意观察,在孩子感到沮丧时帮助他。

2. 积极地鼓励孩子,比如说:

   "小亚真努力呀!"

   "走路是需要练习的。"

   "干得漂亮!你已经在走路了!"

3. 自觉去协助孩子,可以说:

   "小亚,要我帮忙吗?"

   "我们一起走好吗?"

4. 如果孩子积极地响应你的请求,伸出双手对孩子说:

   "小亚,拉着我的手。我们一起学走路!"

5. 如果孩子不愿意响应你,就让他自己走。你在一旁用语言鼓励他。(参考步骤2)

6. 如果孩子拒绝你的协助是因为他尝试失败而心情沮丧,就应该停止这项活动了。可以这样对孩子说:

   "小亚,走路是很难。我们下次再练。"

☼ 成长亮点

到底是什么动机促使婴儿想站起来,到目前为止谜底尚未完全揭开。其动机之一可能是想得到视线范围内的某样东西。步行的反射冲动在人出生时就已存在,但几天或几星期后就会消失。大概在7个月大的时候,身体会出现僵直的站立反射冲动。通常婴儿会试图自己坐起来。典型的情况是,婴儿很喜欢在别人的协助下站起来或走动。所以他们也喜欢重复这些动作。他们也可以通过扶着家具在房间里走动来获得行走的技巧。在学会走路以前,婴儿必须先学会垂直站立。他们也需要获得足够的自信,在没有任何帮助的情况下独自直立和迈开步子(Snow,1998)。

换个花样

✌ 在任何需要挪动孩子的情况下,协助孩子练习行走。你的亲力亲为会带给他指导和方向感。

补充信息

✌ 每个孩子的脾性不同。有的很容易就会放弃练习,有的则会倔强到底,直到完全失败。你对孩子的了解会帮助你给予他适当的激励,并知道何时该出手干预。

迈开步子

发展目标

✔ 练习步行反射　✔ 练习平衡技巧

材料

❏ 水平地面,例如地板

准备

✌ 选择一个你可一直照看的区域,即使有其他孩子出现你也可以从容应付。

✌ 把玩具或任何可能成为安全隐患的东西清空。

教养策略

1. 当你把婴儿带到该场地时,告诉他接下来的计划,可以说:

　"小昂,我们就到这里练习啦。你可以站在地板上。"

2. 坐下来,伸出双腿,摆成"V"字形。让孩子面向你站在你的两腿之间,和你的视线保持接触。

3. 因为站立会刺激步行反射行为,所以孩子的双腿一接触到地板就会迈步。

4. 用双臂紧紧抱着孩子,不要抓着孩子的手或手臂,因为他一旦失去平衡,很容易令肩膀受伤。

5. 注意:婴儿在这个活动中会表现得很"闹"。他们会因为这个动作而变得很兴奋,跳上跳下或扭动身体。

6. 因为孩子的快乐情绪,在这个活动中可能并不需要正面的语言刺激。不过,谈论孩子的表现也可以促进情商发展,比如说:

　"小昂,笑得真开心! 很喜欢迈开小腿吧!"

　"你真的很喜欢这个活动呢!"

☀ 成长亮点

　当孩子练习走路时,他们的膝盖和肘关节可能会发出"咔嗒咔嗒"声。这些声音说明孩子这个阶段的关节是很松的。随着肌肉的逐步强健,这些声音就会消失。

换个花样

✌ 你也可以坐在椅子上,然后辅助孩子站立。

补充信息

✌ 在学习行走的过程中,步行反射回归了。孩子不仅会跳跃、弯曲或伸直膝盖,还会像跳舞一样跺脚。当孩子出现这种"跳舞"动作以后,即可以在成年人的协助下,开始练习走路了。

来拿呀！

发展目标

✔ 通过发展爬行技巧来强健肌肉

✔ 移动躯体去得到想要的东西

材料

❏ 最喜爱的毛绒玩具

❏ 毯子

准备

✌ 选择一个你可一直照看的区域,清理场地,铺开毯子。

✌ 把孩子最喜爱的玩具放在毯子边缘。

教养策略

1. 把孩子带到毯子上时,一边对他说:

   "布布,你可以在这块毯子上练习爬行哦! 看你能不能爬到小兔子那儿去。"

2. 把宝宝面朝下放在毯子上。

3. 移动玩具来吸引孩子的注意力,同时说:

   "布布,爬过来! 来拿小兔子呀!"

4. 用正面的鼓励来帮宝宝加油,可以说:

   "布布,你已经开始爬了! 继续继续!"

   "你快爬到了哦!"

   "马上就能够到小兔子啦!"

5. 当宝宝拿到玩具后,鼓励他和玩具玩一会儿,可以说:

   "布布,摇摇小兔子。"

   "用手指头摸摸小兔子。"

☀ 成长亮点

爬行通常有两种方式。婴儿一开始是腹部贴地,然后用双手推挪身体前进或者后退。这种情况下,双腿只是无力地拖在后面(Snow, 1998;Bukato & Daehler, 1995)。但是当婴儿的腿部肌肉变得更有力时,他们的爬行方式也随之发生变化。这时他们可以用弯曲的膝盖和肘部支撑起身体,然后开始爬动。大多数婴儿是先学会往后爬,才开始往前爬的。孩子先学会用四肢撑起身体,前后摇晃,然后开始爬(Herr, 1998)。在这个过程中,他们经常会失去平衡,跌个前仰后翻。

换个花样

✌ 鼓励孩子爬到你的身边来。

补充信息

✌ 通过对每个孩子爬行能力的了解来决定玩具放置的远近。

注意事项

❶ 任何使用毯子或垫子的活动,都必须由成年人全程看护,以防止窒息事故的发生。

爬坡

发展目标

✔ 练习爬行技巧　✔ 增强平衡技巧

材料

❏ 海绵斜坡

❏ 海绵垫

❏ 有趣的、可以滚动的玩具

准备

✌ 选择一个你可一直照看的区域。

✌ 把海绵斜坡放在一堆垫子中间,保证如果从坡顶滚下时,有一个安全的着陆点。

✌ 把婴儿玩具放在坡顶。

教养策略

1. 让宝宝自主选择要不要进行这项活动。等到宝宝自己爬到斜坡附近,再给予协助。

2. 向宝宝描述这项活动,可以说:

   "托托,爬到山坡上来!"

   "爬到坡顶上来拿球!"

3. 为了让孩子按你的想法做,提供正面的鼓励,可以说:

   "托托,你真努力!"

   "继续爬! 你快爬到顶了!"

   "托托,干得漂亮! 你拿到球了!"

☀ 成长亮点

在这个成长阶段,孩子会采用不同的方式从某处移动到某处。有的孩子会肚子贴地往前爬;有的用手和膝盖往前爬。孩子学会自己坐起来后,也会用屁股往前挪。他们划动手臂和腿,在地板上一寸一寸往前蹭(Herr,1998)。

换个花样

✌ 鼓励宝宝把玩具从坡顶上滚下来。

补充信息

✌ 当孩子会贴地打滚和独立坐起来后,就会出现爬的行为。

✌ 克服重力向上移动是一项比较艰难的任务。所以只有在宝宝能够成功爬行以后,才能学习这项技能。

注意事项

ℹ 出于安全考虑,整个活动必须始终由成年人看护。

拖来拖去

发展目标

✔ 练习用手指捏东西的技巧　✔ 增强手眼协调

材料

☐ 2 个拖线玩具

准备

✌ 为这项活动清空场地，为方便玩具滚动，地板上不用铺地毯。

✌ 把拖线玩具放在场地中央。

教养策略

1. 抱宝宝到活动场地时，向他解释，比方说：

   "黛黛，我有一个玩具给你！你一拉绳子它就动了。"

2. 让宝宝坐在地板上。

3. 鼓励孩子去拉绳子，可以说：

   "黛黛，把绳子拿起来！"

4. 观察孩子拿起绳子的动作，是否有捏拿的动作。

   如果有，要表扬他，可以说：

   "哇！你会用大拇指捏东西啦！"

   如果孩子还不会用手指捏东西，鼓励他：

   "用你的大拇指和其他手指来拿，看我怎么做。"

5. 如果需要，用动作配合你的语言。一边示范这个动作，一边解释：

   "来，黛黛，看着我。我在用大拇指和食指把绳子拿起来。"

6. 一旦孩子把绳子拿起来，观察他接下来的动作，以及看他如何处理玩具。

7. 鼓励孩子拖动玩具，建议说：

   "黛黛，动动手，拉这根绳子。"

8. 鼓励孩子玩玩具，说：

   "黛黛，看轮子在滚。"

   "你在拉它。"

成长亮点

婴儿正在学习使用双手。注意观察，在这个阶段，挥手的动作变得更复杂了。他们会转动手和手腕了。而在此之前，他们挥手时都是舞动整条胳膊。

换个花样

✌ 鼓励孩子在爬行当中同时拖动玩具。当孩子学会走路后，再次让孩子玩拖线玩具。

补充信息

✌ 孩子在学习控制不同的手指头，他们学会指示东西时，也在学习用手指头捏东西。

✌ 为了鼓励孩子向前运动，把玩具放在孩子够不到的地方。

语言沟通

7—9个月

发声 ···

发展目标

✔ 练习咿咿呀呀的发声　✔ 学习新的音节

材料

无

准备

✌ 仔细观察婴儿的咿呀学语,问问自己听到了什么声音,评估婴儿的发展

教养策略

1. 和婴儿聊天。等婴儿停下时,模仿他刚刚发出的音。

2. 轮到你说话时,发出一种新的音让婴儿模仿。比如说:

   "喔喔喔。"

   "喏喏喏。"

3. 正强化能够鼓励婴儿反复地发新的音。比如说:

   "你能行的,喔喔喔喔,再试试。"

   "对啦,喏喏喏,你学会啦。"

4. 倾听。如果婴儿重复你发出的声音,给他回应。

☀ 成长亮点

咿呀学语大约从婴儿 4 个月的时候开始,会一直持续到两岁。婴儿在咿呀学语时会重复同样的元音和辅音,但是音调会从高到低发生变化,咿咿呀呀也会从简单变得越来越复杂。一般 7 个月大的时候,婴儿会在咿咿呀呀的时候发出 "d、t、n、w" 的音 (Feldman, 1998)。

七八个月左右,全世界的宝宝都会发四种基本音:"ba ba"、"da da"、"ma ma"、"wa wa"。这四个音被公认为是通往开口说话的第一步。

换个花样

✌ 给宝宝一些挑战,一次加入两个新的音。

补充信息

✌ 在鼓励孩子说话时尽量减少电视机、收音机等声音的干扰。

✌ 和孩子的交流很重要,他们能从养育者的赞扬和微笑中感受到自己是被爱着的,是有价值的。

和玩具说话

发展目标

✔ 练习咿咿呀呀的发声　✔ 倾听母语的语言结构

材料

☐ 2 到 3 个动物填充玩具

准备

✌ 选一块你能一直照看的地方,清理干净,摆好玩具。

教养策略

1. 如果婴儿还不会爬就把他抱到地毯上,如果会爬了就鼓励他自己爬过去,可以举着玩具对他说:
   "爱德华,来拿小猪,它想玩游戏。"
   "这是你最喜欢的玩具,它是个小熊。"

2. 观察婴儿如何探索玩具、与玩具互动;

3. 对婴儿自发的咿呀学语给予鼓励,比如:
   "爱德华,你在跟小熊说话呀!"
   "跟小猪多聊聊这个。"

☀ 成长亮点

　　婴儿正是在咿呀学语的时候开始尝试控制不同的节奏和音量。婴儿声音的变化往往能吸引你的注意,强调这些声音的变化能够鼓励婴儿做更多的尝试。

换个花样

✌ 一边移动玩具一边和玩具"说话"。

补充信息

✌ 对一些孩子来说,回忆事物能给他们带来愉悦感,当他们认出一个玩具时会高兴地尖叫,发出咯咯的声音。

✌ 如果你想让婴儿重复某些行为,用眼神交流,用温柔的声音给以鼓励。

✌ 和孩子互动时使用"输入"的办法:描述孩子的行为时使用一些简单的词语,比如:
   "爱德华,你在敲打积木。"

看书

发展目标

✔ 倾听母语的语言结构　　✔ 参与话题的转换

材料

❑ 3到4本带有简单图画的卡纸书

准备

✌ 选一块婴儿的注意力不易被分散的地方，把书微微打开，立在地板上。

教养策略

1. 当婴儿向书爬过去时，靠近他。

2. 观察婴儿如何与书互动。

3. 问婴儿要不要读书给他听，比如：
   "露露，要我来读这本书吗？"
   "我读给你听好吗？"

4. 如果婴儿表现出兴趣，就开始读书；如果他没有表现出兴趣，就继续观察。

5. 每指一幅画时都用语言简单地描述一下。

6. 读书的时候，中间问婴儿几个关于图画的问题，把他引入对话中。问完问题就停顿一下，让婴儿有时间回应，无论他以什么声音或姿势作出回应，都给予正面的激励。比如：
   "露露，这是什么？"停顿，"对啦，这个宝宝在吃东西"；"露露，这是什么动物？"停顿，"对，你指的是猴子。"

☀ 成长亮点

7到9个月大的孩子能够发出很多个音。听！你会听到"m"、"b"和"p"，他们也会开始模仿你的音调和声音。在说自己的话之前，婴儿得先听懂你说的话。

换个花样

✌ 提供塑料制的或布制的书让婴儿独立探索。

补充信息

✌ 由于精细动作能力的发展，这个阶段的婴儿能够开始独立读书了。书页很厚的书对婴儿来说更容易翻动。这个年龄段的孩子常常用嘴啃或舔书，因此易清洗易消毒的塑料书是个不错的选择。

翻书页

发展目标

✔ 练习咿咿呀呀的发声　✔ 自己翻页"读"书

材料

❏ 2到3本书

准备

✌ 将书微微打开，立在地上吸引婴儿的注意。

教养策略

1. 当婴儿向书爬过去时，靠近他。

2. 观察婴儿拿书做什么，比如看他怎么翻页，看他怎么描述那些图画。婴儿翻书、看图的时候会指着画咿咿呀呀地说话。

3. 提供正面的刺激能够鼓励幼儿重复成人期望的行为，因此强调那些你期望持续的行为，比如："赛亚，你在自己翻书呀。"

4. 如果没观察到期望行为，给婴儿一些鼓励，他可能会因此产生如你期望的表现。比如："赛亚，指着兔子，和兔子说说话。"

5. 如果婴儿尝试了或者完成了被鼓励的行为，成人要给他正面的表扬，比如说："赛亚，你刚才指着兔子啦。""你在和兔子说话啦。"

☀ 成长亮点

研究表明，生命的第一个年头对于大脑的发展来说是最重要的一年（Shore，1997）。这些研究结果为理解儿童的需求提供了重要的启示，有人跟他说话、有人为他唱歌、读书的时候被人抱在怀里、被人轻轻地摇晃，这些对婴幼儿来说都是非常重要的经历。

换个花样

✌ 和婴儿一起读书，一边指着图一边用简单的语言描述，婴儿也可以通过翻书、咿咿呀呀地说话参与进来。

补充信息

✌ 有一些书是为婴儿特制的，翻过第一页时发现下一页稍稍往外移动了一些，这是为了让婴儿能用拇指和食指轻松地抓住书翻页，这种抓握叫钳式抓握。

✌ 为了防止婴儿躁动不安，要给他一些安静的时间。这样能够鼓励他四处观察事物，并练习发声（Abrams & Kaufman，1990）。

读儿歌

发展目标

✔ 倾听母语的语言结构　✔ 自己翻页"读"书

✔ 参与对话

材料

❑ 1到2本带儿歌的硬卡纸书,比如《杰克和基尔》

准备

✌ 将书立起来,微微打开,吸引孩子的注意。

教养策略

1. 当孩子向书爬过去时,靠近他。

2. 观察婴儿与书的互动。

3. 说一说婴儿正在看的书,比如:

   "这个故事是讲杰克和基尔的,杰克和基尔走上山。"

   "维多利亚,这个故事讲的是一群小猪,这群小猪上集市去。"

4. 问婴儿:

   "我读给你听好不好?"

   如果婴儿的回应是肯定,就开始读书;如果婴儿的回应是否定,就不要打扰他,让他自己探索。

5. 在与婴儿互动时要用热情的声音,这样有助于吸引并维持婴儿的注意力。

6. 读书时鼓励婴儿翻书页。比如说:

   "维多利亚,翻到下一页,这页我们已经读完了。"

   "下面会发生什么呢? 想知道就翻到下一页。"

7. 读书时问婴儿一些问题,这样能够鼓励他咿呀学语。比如。一边指着图一边问:

   "维多利亚,这是谁呀?"

   "他们背着什么呢?"

8. 正面的激励能够促使婴儿维持更长的对话。比如说:

   "对啦,基尔有个圆桶。"

☀ 成长亮点

从成人那里接受重复的词语、给人和物的命名能够促进婴儿的语言发展。婴儿可能会开始偶尔结结巴巴地说一些词语,比如说"mama"。这有两个可能,一方面,婴儿通过一遍一遍地重复来练习这个音;另一方面,一些婴儿可能已经知道,说这个词能够吸引对他来说很重要的那些人的注意。

换个花样

✌ 如果需要一个安静的活动,那就给孩子一本书。

补充信息

✌ 读带儿歌的书很重要,因为你在过去的七八个月里一直唱这些儿歌,熟悉的词语能轻而易举地把婴儿的注意力吸引过来。

晚安

发展目标

✔ 倾听母语的语言结构　✔ 用书来放松

材料

☐ 《晚安月亮》的纸板书（玛格丽特·赖斯·布朗著）

☐ 摇椅

☐ 毯子、泰迪熊等睡觉时能安抚孩子的物品

准备

✌ 把书和上述物品集齐，将摇椅摆放成一个让你们感觉舒适的位置。

教养策略

1. 抱着婴儿坐在摇椅里。

2. 把安抚物拿给婴儿，一边轻柔地告诉他到睡觉时间了，一边慢慢地摇晃。比如说：

   "吉米，该休息了，你今天玩累了，需要休息一会儿。"

3. 一旦孩子放松下来，开始讲故事：

   "吉米，我找了一个咱们今天可以读的故事，是讲睡觉的。"

4. 用柔和的声音读故事。

5. 如果他咿咿呀呀地说话、用手指来指去或者努力想要跟你交流，就要回应婴儿。

6. 因为你是在用这本书让孩子安静下来，所以尽量不要提问题，那会促使他开始咿咿呀呀地跟你对话。

7. 如果读完故事婴儿还没睡着，你可以再读一遍。

☀ 成长亮点

书既可以让孩子兴奋起来，也可以让孩子安静下来，事实上，一书可二用。用声音把你的意图传递给婴儿，鼓励婴儿参与到读书中来。仔细听，婴儿的咿呀学语可能是在附和你读书的语调哦。

换个花样

✌ 另选一本婴儿喜欢的书，可参考附录 A 中的书单。

补充信息

✌ 观察孩子的反应，他们可能有自己很喜欢的书，一遍遍地读同一本书也是很愉快的。另外还有一些培养孩子倾听能力的方法：

✌ 跟孩子说话时保持目光接触。

✌ 用命名的方式帮助婴儿将名字与他周围环境中的人和物联系起来。

✌ 当你正在跟婴儿说某些物体的时候，让他摸摸这些东西。

✌ 给这个年龄段的孩子选书的时候要选那些抗皱、抗拉、不怕啃咬的书。

看看谁来啦

发展目标

✔ 开始将言语和人联系起来

✔ 重复词语"妈妈"和"爸爸"

材料

无

准备

✌ 跟孩子说说谁要来了,让他有个准备。

教养策略

1. 说说谁要来看望婴儿,比如说:

   "妈妈很快就来了。"

   "爸爸就要进门了。"

2. 当来访者走进房间时,把婴儿的注意力引导过去,说:

   "娜娜,看看谁进来了。"

3. 强化婴儿的咿呀学语:

   "看到妈妈你好高兴呀。"

   "对,爸爸来陪你玩了。"

4. 当来访者进来时唱歌欢迎他(她):

   嘿,妈妈,

   嘿,妈妈,

   嘿,妈妈,

   你在这儿我们真高兴。

☀ 成长亮点

依恋是成人和儿童之间发展的一种联系。孩子第一个依恋的对象往往都是父母,依恋在分离和重聚时最为明显。比如,当在重聚时看见了一个重要人物,婴儿会微笑、咿咿呀呀地说话,如果可以他还会努力靠近这个人。

换个花样

✌ 当有人离开时,唱"道声再见"那个活动里的歌。

补充信息

✌ 与婴儿互动时,让他有充分的时间回应。一遍遍地重复人们的名字,这样婴儿就会明白每个人都有个名字。

认知水平

7—9个月

找找看

发展目标

✔ 加深对客体永久性的理解　✔ 参与有目的的行为

材料

❑ 婴儿喜欢的玩具
❑ 轻薄的毯子

准备

✌ 选一块能一直处于你视线内的地方,清理干净。

✌ 把玩具放在地上,用毯子盖住一部分。

教养策略

1. 鼓励婴儿寻找他喜欢的玩具,比如说:
   "薇薇,去找找维尼小熊,维尼在地板上呢。"
   "爬到毯子旁边看看。"

2. 鼓励婴儿往毯子那儿爬的行为,比如,可以这样说:
   "薇薇,继续爬。"
   "你就快到了,继续。"

3. 当婴儿爬到毯子附近时,仔细观察他的行为。如果婴儿掀动毯子,耐心地等待他发现玩具,然后热情地回应他的发现。

4. 如果婴儿没有碰毯子,建议他试一试。比如说:
   "薇薇,用手抓住毯子。"
   "用手拉一下毯子。"

5. 你可能需要在说话的时候配上动作加以强调。比如,一边轻轻地把婴儿的手放在毯子上,一边说:
   "薇薇,抓住它。"
   然后停顿一下:

"现在拉一下毯子。"

6. 只要婴儿尝试寻找玩具,无论找没找到都给予鼓励,比如说:
   "薇薇,就是这样,拉一拉毯子。"
   "继续拉,就快找到啦。"

7. 婴儿找到玩具的时候,要热情地回应他。比如说:
   "你找到啦,你找到维尼了。"
   "维尼原来藏起来了!"

☀ 成长亮点

这个阶段的婴儿开始发起有目的的行为,换句话说,在面临问题的时候,他们会选择一个特定的方式来解决问题。比如,如果玩具藏在毯子下来,婴儿会把毯子移到一边看看东西在不在。

换个花样

✌ 用毯子把玩具全部盖起来。

✌ 用积木、小水壶、盘子等代替玩具。

补充信息

✌ 这个活动有点难,要提供足够的强化才能够维持住婴儿的兴趣,用声音传达你的热情。

注意事项

❶ 无论何时,一旦使用了毯子或枕头,成人必须时刻关注婴儿的举动,以防发生窒息事故。

它在哪儿？

发展目标

✔ 加深对客体永久性的理解

✔ 通过目的行为解决问题

材料

❑ 一块硬纸板或鞋盒的盖

❑ 婴儿喜欢的玩具

❑ 儿童桌或比较矮的咖啡桌

准备

☞ 在桌上清理出一块工作区，把硬纸板和玩具放在工作区里。

教养策略

1. 把婴儿抱到桌子旁边，一边说说接下来的活动。

   比如说：

   "妮妮，我给你准备了一个特别的游戏哦。"

   "我们来玩藏长颈鹿吧。"

2. 坐在桌边，盘腿，让婴儿坐在你的膝盖上，调整一下姿势好让婴儿离桌子近一点。

3. 动一动玩具以吸引婴儿的注意，并说：

   "妮妮，这是你最喜欢的玩具，是个长颈鹿。"

4. 开始游戏，说：

   "妮妮，我要把长颈鹿藏起来了，你来找。"

5. 把长颈鹿放在桌上，一只手举起硬纸板放在长颈鹿前摆弄，鼓励婴儿找一找：

   "找找长颈鹿，找找它在哪儿。"

6. 给予婴儿可能需要怎样才能找到玩具的建议，可以这样告诉他：

   "妮妮，动一动硬纸板。"

   "用手推一推硬纸板。"

7. 你可能需要在说话的时候配上动作加以强化，轻轻地移动婴儿的手，一边重复：

   "妮妮，用手推硬纸板。"

8. 对婴儿的努力给予正面的强化，比如，热情地说：

   "妮妮，你找到啦，你找到长颈鹿了。"

☀ 成长亮点

理解当物体不在视线范围内时仍然存在，是婴儿面临的一个发展任务。刚开始，婴儿能够找到部分被藏起来的物体。到了这个阶段，婴儿能够找到完全被藏起来的物体。但直到婴儿能够找到被藏在另外一个地方的物体为止，婴儿的客体永久性才发展完善。

当婴儿手里拿着东西的时候要非常注意，"物体饥饿"指的是处于这个发展阶段的婴儿的游戏行为，婴儿会用嘴舔或啃咬物体来获得关于这个物体的物理知识。

换个花样

☞ 用枕头或你的身体把玩具藏起来，鼓励婴儿爬着去找玩具。

补充信息

☞ 如果婴儿对推纸板的兴趣比找东西还要大，也是可以的。他们同样是在练习物体定位。

☞ 婴儿需要不断重复同样的活动来增进理解。

球的探索

发展目标

✔ 参与有目的的行为　✔ 感受因果法则

材料

❏ 2 到 3 个直径至少 6 英寸的球

准备

✌ 选一块能一直处于你视线范围内的地方,清理干净。

✌ 把球放在这块地方。

教养策略

1. 把婴儿抱到选好的地方,一边说说接下来的活动。比如说:

    "小雪,我这有几个球给你玩。"

    "这儿有几个球,你要怎么玩呢?"

2. 让婴儿坐在地板上,把球移到他能够到的地方。

3. 观察婴儿如何与球互动。

4. 描述婴儿探索球的行为,比如说:

    "小雪,你在用指尖碰鼓鼓的地方。"

    "这个球很光滑,你在用舌头舔呢。"

5. 强调婴儿偶尔出现的行为可能促使婴儿重复这些行为,比说如:

    "小雪,你在推球,再推一下。"

    "你在滚球呢,把球滚到我这儿来。"

6. 在球滚出婴儿的视线范围或滚到婴儿够不到的地方时,随时把球取回来。

成长亮点

随着年龄的增加,婴儿追踪移动物体的能力也在不断提高。他们的动作越来越协调熟练,现在婴儿能够轻松地追踪球的路径以及其他移动的物体。

换个花样

✌ 用带轮子的玩具代替球。

补充信息

✌ 婴儿从不断的重复中学习,因此,多重复几次这个活动能够扩展婴儿对自己及周围环境中物体的认识。

注意事项

❗ 要保证所有会被婴儿触摸或放进嘴里的玩具都经过消毒。

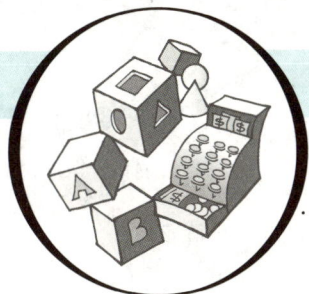

盒子里是什么？

发展目标

✔ 加深对客体永久性的理解

✔ 通过有目的的行为来解决问题

材料

❏ 带盖的鞋盒

❏ 婴儿喜欢的玩具

准备

✌ 如果想让盒子变得好看一点，可以用彩色贴纸把鞋盒和盖子都包起来。

✌ 把玩具放到盒子里，盖上盖子。

教养策略

1. 叫婴儿的名字，摇一摇盒子，吸引婴儿的注意：

   "莎莎，听，盒子里会有什么呢？"

   "看看我的盒子，你听到什么啦？"

2. 鼓励婴儿打开盒子看看里面。比如说：

   "莎莎，用你的手指把盖子打开。"

   "把盖子拿掉，看看盒子里面。"

3. 热情兴奋的声音能够增加婴儿对这个活动的兴趣。比如，婴儿拿掉盖子时，说：

   "莎莎，你做到啦！你把盖子拿掉了。"

   "看看盒子里面有什么？这是个球啊。"

4. 如果婴儿看上去还有兴趣，再玩一遍这个游戏。要维持住婴儿的兴趣，可以在盒子里放个新玩具。

☼ 成长亮点

婴儿的注意广度正在慢慢地增加，与此同时，他们也慢慢能将自己与周围的世界区别开来。比如，发现玩具的时候婴儿会用吮吸的方式来探索，在这之后，他们可能会交替着吮吸自己的拇指和玩具。换句话说，在这个阶段，婴儿正在学习将自己的身体与周围的环境区别开来。

换个花样

✌ 向婴儿展示玩具然后把它放进盒子里，鼓励婴儿拿掉盖子把玩具找出来。

✌ 把玩具放在礼品袋里，鼓励婴儿找出来。

补充信息

✌ 与在盒子里找玩具相比，婴儿可能会花更多的时间玩盒子。把东西拿走、换个地方放东西都是婴儿喜欢尝试的行为，这些行为还能促进意向行为的发展。

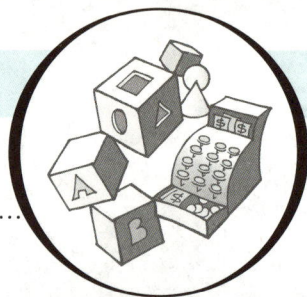

拍锅盖

发展目标

✔ 重复偶然发生的行为　✔ 练习拍手

材料

❑ 2个比较轻的金属锅盖

准备

✌ 选一块能一直处于你视线范围内的地方,放好锅盖。

教养策略

1. 轻轻地对拍两只锅盖,吸引婴儿的注意。

2. 建议婴儿过来一起玩锅盖,比如说:

   "瑞恩,爬过来,你可以敲锅盖。"

   "锅盖在这儿呢,过来和它们一起玩呀。"

3. 观察婴儿如何与锅盖互动。

4. 如果婴儿做出拍的动作把两只锅盖合在一起,给予正面的鼓励:

   "瑞恩,你在拍锅盖呀,你在奏乐呢。"

5. 如果婴儿用其他方式发出音乐声,给他一点探索的时间,过一会你再示范怎么用锅盖奏乐。

6. 你可能需要在说话的时候配上动作加以强化来帮助婴儿,一边轻轻地在婴儿的两只手里各放一只锅盖,一边说:

   "瑞恩,双手拍一拍。"

7. 给予正面的鼓舞能够激发婴儿重复这个行为。比如说:

   "瑞恩,你做到啦,你在拍锅盖呢。"

   "哇!听听你的音乐。"

成长亮点

7到9个月大时,婴儿会不断地重复偶然发生的某种行为。比如,偶然发现碰一下挂在组合滑梯上的铃铛会发出响声后,婴儿会反复地去踢铃铛,因而学到一种新的行为。

换个花样

✌ 给婴儿一个金属锅盖和一个木制锅盖来发出音乐声。

✌ 在户外重复这个活动。

补充信息

✌ 这个活动可能会有点吵,婴儿会对自己能发出音乐声的能力非常着迷,因此,这个活动还能培养自信心和自我效能感。

✌ 如果想提高婴儿的倾听能力和听觉分辨能力,就得提供各种会发出声音的玩具,婴儿特别喜欢能发出轻柔的音乐或响声的玩具。

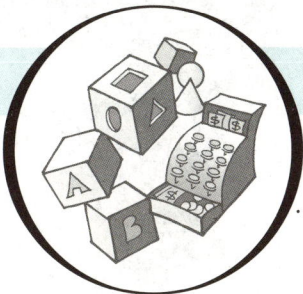

投硬币

发展目标

✔ 加深对客体永久性的理解

✔ 通过意图行为来解决问题

材料

❏ 带塑料盖子的燕麦罐

❏ 4 到 5 个果汁瓶瓶盖

准备

✋ 仔细检查盖子的边缘，确保没有锐角。

✋ 在燕麦罐的盖子上剪一个口，大小要能把果汁瓶瓶盖轻松地投进去。

✋ 如果想让罐子好看一点，可以用彩色贴纸把燕麦罐包起来。

✋ 选一块能一直处于你视线范围内的地方，清理干净，把燕麦罐和果汁瓶盖放在地上。

教养策略

1. 如果婴儿在活动的材料旁边爬动，把材料移得离他近一点。

2. 观察婴儿如何探索这些材料。

3. 需要的话，建议婴儿把果汁瓶盖放进罐子里：

"达达，把盖子捡起来，放到那个口子里。"

"把盖子放到罐子里去。"

4. 你可能需要说话的时候配上动作加以强化，一边指着金属盖子，触摸罐子，一边说：

"达达，把瓶盖放进口子里。"

5. 对婴儿的尝试和成果都给予夸奖：

"干得好，你把盖子放到罐子里去啦。"

"再试试，你快做到了。"

6. 加深对客体永久性的理解，问婴儿：

"达达，盖子去哪儿了？"

7. 鼓励婴儿把罐子底朝上翻过来，把盖子摇出来，需要的话，给婴儿示范这些动作。

☀ 成长亮点

客体永久性的原则在这个阶段会继续发展，婴儿正逐渐认识到即使物体不在视线范围内依然存在。玩游戏，比如跟玩具捉迷藏能够帮助婴儿发展这种能力。仔细观察婴儿，你会发现婴儿能够独立地把各种东西藏起来再找出来。

换个花样

✋ 用各种形状的物体，比如塑料的饼干切割刀，在燕麦罐的盖子上切出各种口子对应不同形状的东西。

补充信息

✋ 婴儿喜欢藏东西，特别是在他们学习客体永久性的时候，仔细观察他们会发现他们喜欢把各种东西藏起来再找出来。

把它递给我

发展目标

- ✔ 加深对客体永久性的理解
- ✔ 参与意图行为
- ✔ 通过移动身体来获得想要的东西

材料

婴儿能边爬边拿着的玩具,比如大的塑料钥匙

准备

- ✌ 把玩具放在离婴儿 4 或 5 英尺处,确保婴儿能看到玩具。

教养策略

1. 一边指着玩具一边描述它,吸引婴儿的注意,比如说:

   "戴蒙,钥匙在地毯上呢。"

2. 鼓励婴儿靠近钥匙,比如:

   "戴蒙,把钥匙捡起来。"

   "爬到钥匙那里去。"

3. 观察婴儿如何探索钥匙。

4. 描述婴儿的探索行为。比如:

   "戴蒙,你在用手指碰钥匙呢。"

   "你在嚼钥匙呀。"

5. 鼓励婴儿去把玩具拿给你,比如说:

   "戴蒙,把玩具拿给我。"

   "到我这来,带上钥匙一起。"

6. 对婴儿的尝试和成果都给予夸奖:

   "戴蒙,你在忙着呢,继续爬,你就快到了。"

   "谢谢,你把钥匙带给我啦。"

☀ 成长亮点

婴儿需要一个人游戏的私人时间,他们不需要一直被人逗着。对人来说最重要的技能之一就是自我娱乐。独自游戏能够为婴儿在日后的生活中远离乏味孤独打下基础。

换个花样

- ✌ 让婴儿把你掉落的东西捡起来给你。

补充信息

- ✌ 婴儿喜欢帮助别人,新的移动能力和认知能力让婴儿在面对一个适当的、适宜发展的任务时有能力帮助他人。
- ✌ 用毯子把钥匙盖起来,提高活动的挑战性。

社交能力

7—9个月

滚球游戏

发展目标

✔ 与一位熟悉的养育者互动 　✔ 建立信任感

材料

❏ 光滑、平整的地面
❏ 直径 6—12 英寸、干净的球

准备

✌ 选择一个地面平整、光滑的区域,能够让球自由
滚动。

教养策略

1. 把宝宝抱到预定地点的时候,向他解释接下来的
活动,可以说:
"小安,现在我们要玩球啦,我们让球滚过来滚
过去。"

2. 让宝宝坐在场地中央,你自己距离他一英尺左右,
也可以根据实际情况调整两个人的位置。

3. 把球递给宝宝。

4. 让宝宝花点时间"研究"一下球,你在一旁描述宝
宝的行为。比如说:
"小安,你在用手指头摸球,球的表面是光滑的。"
"你在敲打球。"

5. 鼓励宝宝把球滚向你,说:
"小安,把球滚到我这里来,推一下。"
"咱们现在玩个游戏吧。"
"你把球滚到我这里来,我再把球滚还给你。"

6. 表扬宝宝作出的尝试和获得的成功,比如说:
"小安,你让球滚起来了。"
"你把球滚过来了。"

7. 只要宝宝显得有兴趣,就继续玩这个游戏,把球滚
过来,滚过去。

☀ 成长亮点

一个宝宝的微笑是留给特殊而且亲密的
人的,这是一个孩子与他们沟通并回馈他们
的方式。当孩子微笑时,强调它在你们情感
交流上的重要性,并还给宝宝一个微笑。

换个花样

✌ 当宝宝的肌肉持续发育时,用的球可以越来越小。
✌ 如果条件允许,可以在户外进行这项活动。

补充信息

✌ 当孩子发出种种信号并得到成年人迅速并充满关
爱的响应时,他们就会信任成年人。所以要在孩
子感兴趣的情况下去玩这个游戏。感兴趣的信号
包括微笑、视线接触和发出咿咿呀呀的声音。

注意事项

🛈 活动中必须注意安全,尤其在使用较小的球时,
绝对不能使用可能被孩子吞咽的球。

躲猫猫

发展目标

✔ 参与一个游戏
✔ 与一个成年人进行社交性互动

材料

❑ 平日使用的换尿布材料

准备

✌ 收拾好换尿布的桌子,保证平日使用的东西都在。

教养策略

1. 当你换下宝宝的脏尿布时,鼓励宝宝自己拿好干净的尿布,你可以说:
   "素素,帮个手。拿好你的尿布。"

2. 通常宝宝会举起尿布让你看不到他的脸,这时候用语言来交流:
   "素素上哪儿去啦?"

3. 当宝宝放下尿布的时候,说:
   "哈哈,素素,看到你了!"

4. 只要宝宝显得有兴趣,比如大笑、微笑、遮住自己的脸,就继续这个游戏。

5. 当宝宝失去兴趣时,就把尿布包好,结束游戏。

☀ **成长亮点**

宝宝现在已经有更多能力来预估和参与一些活动,他们甚至可能有意识地主动激发一些人际交流。比如说,看见父母穿上外套,可能会令他们爬过来抱住大人的腿,表示希望父母留在自己身边。

换个花样

✌ 用宝宝喜欢的毯子遮住他的脸,然后拿开,继续这个游戏。

补充信息

✌ 婴儿喜欢躲猫猫游戏。如果他们有这个游戏的欲望,满足他们,这可以培养他们的自信。这会让他们意识到,在与别人互动时,他们也享有一定的主导权。

捉迷藏

发展目标

- ✔ 学会面对分离造成的焦虑
- ✔ 学习主动与成年人保持联系

材料

无

准备

✌ 观察孩子的警醒程度。

教养策略

1. 首先向孩子介绍这个游戏，比如告诉孩子：

   "茵茵，现在我们来玩捉迷藏游戏。"

2. 邀请孩子参与：

   "你想和我一起玩吗？"

3. 解释游戏规则，可以这样说：

   "茵茵，我来藏，你来找我。"

4. 根据孩子的实际情况，或者整个人藏起来，或者让身体的一部分露在外面。

5. 如果孩子找到你了，要非常热情地响应，可以这样评论：

   "茵茵，你找到我啦！"

   "你完全知道该往哪里找我。"

   "你真是个游戏专家。"

6. 只要孩子感兴趣，就一直玩下去。

成长亮点

捉迷藏游戏会让孩子了解这个世界的一些规则。他们会明白有些东西即使眼下看不见，但却一直存在。这种知识会让他们逐渐理解世界恒定不变的一面。

换个花样

✌ 孩子理解这个游戏规则以后，让孩子藏起一件东西。

补充信息

✌ 每天都会发生你和孩子短暂分开的情况。比如说，你可能要给别的孩子换尿布。如果是这样，继续和他讲话，这能减轻孩子和你分开时的焦虑情绪。

✌ 继续玩捉迷藏游戏，并和孩子解释人来人走的原因，强化事物的存在概念。

发展目标

✔ 模仿成年人的举动　✔ 参与社交互动与游戏

材料

☐ 一个大量杯　　　　☐ 一个小量杯

☐ 不会打碎的大碗　　☐ 水

☐ 塑料桌布　　　　　☐ 大围兜

准备

✌ 选择一个不怕溅到水的地方,清空场地,铺开塑料桌布。

✌ 在碗中注入温水,把碗置于桌布中间。

✌ 如果房间温暖没有穿堂风,可以脱掉孩子的外套。如果上述条件无法满足,卷起孩子的袖子,帮他穿上一件大围兜。

教养策略

1. 让孩子坐在桌布上,靠近大碗。

2. 鼓励孩子探索这些工具材料,比如提问:

   "迈克,杯子可以拿来做什么?"

   "水摸上去什么感觉?"

3. 观察孩子与这些工具材料之间的互动。

4. 如果需要,向孩子示范如何拿杯子。比如说,如果孩子用整只手握住杯子,亲自向他示范如何用几根手指拿起杯子。

5. 如果孩子还是用原来的手势拿杯子,用语言加以解释,比如说:

   "迈克,我在用大拇指和食指拿起杯子,看着我,你也来试试。"

   "来,跟我学。"

6. 用正面的激励来促使孩子重复注意动作,可以这样说:

   "迈克,做得好! 我们拿杯子的动作一样了。"

   "看! 你会用大拇指了。"

成长亮点

随着动作技巧的发展,孩子现在可以模仿成年人的手部动作。向他们展示新的动作能够完善他们的动作技巧,并增加他们新的自我认知。

换个花样

✌ 可以加上大调羹来舀水,这样可以培养以后自己进食的技巧。

✌ 如果在户外,可以在浅水池里玩,鼓励孩子同时挥动胳膊和腿。

补充信息

✌ 小孩子是非常喜欢玩水的。

注意事项

🛈 这个年龄的孩子可能在一英寸深的水里窒息。所以玩水时必须全程有人看护。成年人一定要看守在孩子身边。

我会陪着你

发展目标

✔ 将成年人作为安全的港湾　　✔ 继续培养信任感

材料

无

准备

☝ 注意观察,等待有成年人或兄弟姐妹离开时。

教养策略

1. 当有家庭成员出门时,对孩子说:

   "爷爷要出门了,我们一起到门口向他挥手说再见吧。"

   "莉萨婶婶要去学校上班啦,挥手说拜拜!"

2. 如果孩子因为家里有人出门而显得沮丧,抱孩子起来,用轻柔的语调安慰他,帮助孩子了解他自己的感受是很重要的,可以这样说:

   "小夏,莉萨婶婶要走了,所以你不开心了。你想和她一起走对不对?"

   "你伤心了,不想爷爷走,因为你喜欢和爷爷在一起。"

3. 让孩子知道,你会陪他的,可以这样说:

   "我留在这里陪你。"

   "伤心是正常的,我们来摇一摇,摇到外婆桥。"

4. 当孩子开始新的一天,鼓励他探索一下房间,看看有什么新东西。

   "小夏,看这面新镜子。"

   "我给你准备了几个新摇铃。"

5. 向孩子保证,让他有安全感,可以这样说:

   "我就呆在这个房间里,不会走的。"

   "你需要我的话,我就在这里,随叫随到。"

6. 当孩子探索房间时,提供正面的鼓励。这样能转移孩子的注意力。延迟他向你"发难"的时间。你可以这样说:

   "小夏在看镜子,你看到什么了?"

   "你找到新的摇铃了,声音听上去怎么样?"

☼ 成长亮点

在这个阶段,孩子开始把熟悉的成年人当作安全感的来源。这说明孩子开始离开成年人,有了探索周围环境的欲望。但他们会不断回头看大人在不在。他们为了确保自己的安全而贴紧成年人。你对他探索或跑远的反应会影响孩子的行为。比如说,一旦你露出紧张的表情,就会让孩子马上跑向你。

换个花样

☝ 和婴儿讲话的时候,用名字称呼每个人,让孩子意识到每个人、每样东西都是有名字的。

补充信息

☝ 在这个时期,孩子会经常为分离而焦虑。当父母、看护人或养育者离开他们的视线范围时,他们就会紧张。你应该在这种时刻提供帮助,同时鼓励他们建立独立观念。

叠杯子

发展目标

✔ 与成年人社交互动　✔ 建立信任感

材料

❑ 一套叠杯

准备

✌ 选择一个方便看护的地方，把杯子放在场地中央。

教养策略

1. 等宝宝自己爬过来，然后靠近他。

2. 观察宝宝如何对待这些杯子。

3. 告诉宝宝怎样玩杯子，可以这样说：

   "小米，你可以把小杯子放在大杯子上。"

   "这样你就可以造一座宝塔了。"

4. 如果需要的话，在一旁发问或者提供建议，比如说：

   "可以把小杯子放在哪里呀？"

   "接下来放这个杯子。"

   需要的话，用手指着某个杯子，吸引孩子的注意力。

5. 和孩子聊聊对叠杯子这个游戏的感觉，比如说：

   "小米在笑呢，你喜欢叠杯子。"

   "哎呀，杯子掉下来了，再试一次。"

6. 正面的激励可以延长孩子的游戏时间，可以这样说：

   "小米，再来！把所有杯子统统叠上去！"

   "你真努力！已经叠起 3 个杯子啦！"

☀ 成长亮点

孩子在这个阶段喜爱养育者和父母胜过其他人。当熟悉的人不在眼前时，他们可能会哭或者发脾气。这可能令你有负罪感。通过哭泣，孩子其实是在考验你。对分离的恐惧超过了饥饿、疲倦和不适。所以，为了减少分离而造成的恐惧负效应，在你离开之前，应保证孩子已吃饱并休息好。

换个花样

✌ 作为一种新的玩法，可以大杯套小杯。

补充信息

✌ 孩子在这个阶段已经学会捏起和放下东西的手部动作，因此这个游戏得以进行。一个成年人应在这个过程中协助孩子克服挫败感。比如在堆起的杯子倒塌时，你应该协助孩子。

推过来推过去

发展目标

✔ 学会对他人表示兴趣　✔ 玩游戏

材料

❑ 两个不同的带轮子玩具

准备

✌ 选择一个方便照看的场地，把玩具放在场地中央。

教养策略

1. 把宝宝带到游戏场地，一边向他解释：

    "我有几个玩具给你，你可以推，可以拉。"

2. 让孩子坐下，和你面对面。

3. 递给孩子一件玩具，看他如何接触玩具。

4. 鼓励孩子把玩具滚给你，可以说：

    "小麦，把玩具滚过来给我。"

    "推一下。"

5. 提供正面的鼓励可能让孩子重复一个动作，比如说：

    "小麦，干得漂亮！现在两个玩具都到我这儿来了。"

6. 如果孩子盯着你看，或者沉浸在游戏中，都要鼓励他。这样能强化孩子正在进行的社交活动。比如这样说：

    "小麦正在看着我呢。"

    "我们在一起做游戏。"

    "我们把玩具推来推过去，很好玩吧。"

7. 如果孩子显得有兴趣，就一直玩下去。

☼ 成长亮点

孩子开始对一些基础的人际互动感兴趣了。比如说，如果有人流露出快乐或痛苦的情绪，孩子就会望着他们。而且这个阶段他们已经会爬行，所以会爬向自己感兴趣的目标。

换个花样

✌ 用球代替轮子玩具。

补充信息

✌ 如果孩子滚球能达到3到4次，就已经相当成功。

✌ 为鼓励孩子伸展手臂，可以把玩具放在距离孩子稍远的地方。

注意事项

🛇 为安全起见，必须小心照看孩子。否则孩子可能会有拉头发、戳人的行为。

情商培养

7—9 个月

演奏音乐

发展目标

✔ 表达兴趣与快乐

✔ 用与众不同、富有意义的方式来表达情绪

材料

☐ 两个轻型的、大小不同且带盖子的平底锅

准备

👆 选择一个方便照看的场地，把锅、盖放在场地中央。

教养策略

1. 当宝宝自己爬向锅子时，凑上前去。

2. 观察孩子如何把玩这些东西。

3. 如果孩子拿这些东西相互敲击，发出声响，要立刻从正面鼓励他：

   "迪迪正在表演音乐节目！"

   "刚才的声音真响啊！再来一次！"

4. 如果孩子的玩法不同，可以用语言来鼓励孩子，比方说：

   "迪迪，用锅盖来敲锅子。"

   "把盖子和锅合到一起，这样就能演奏音乐啦。"

5. 描述孩子对这个活动的反应，可以这样说：

   "迪迪，你在笑啊笑！肯定很喜欢演奏音乐吧。"

   "在表演音乐时，你可真够卖力的！"

   "很喜欢这么玩吧！"

☀ 成长亮点

孩子可能会害怕一些巨响，比如打雷声、真空吸尘器的噪音、汽车喇叭声和爆竹声等等。每当遇到这种情况，要及时反应，紧紧拥抱孩子，用话语安慰他。慢慢地，随着这种经验的增加，孩子的恐惧感会逐步减少。

换个花样

👆 也可以用不易碎的碗和木制调羹来取代平底锅和盖子。

补充信息

👆 有些孩子会害怕较大的声响。如果是这样，先提供只发出轻柔声音的工具。这样能让孩子慢慢过渡到声音较大的玩具。

玩偶匣

发展目标

- ✔ 开始学习克服恐惧感
- ✔ 学习用富有意义的特殊方式来表达情绪

材料

❑ 玩偶匣

准备

✌ 选择一个方便照看的场地,把玩具放在场地中央。

教养策略

1. 当孩子爬到玩具边时,凑上前去。先就这个玩具向孩子提问题,比如说:

   "小米,这是什么?"

   停顿一下,再说:"这是一个新玩具。"

   "这怎么玩呀?"

   "看到这个把手了吗? 你准备怎么做?"

2. 观察孩子如何探索玩具。

3. 建议孩子开启玩具,可以说:

   "小米,转一下把手。"

   "把它转一圈。"

4. 可以用动作来配合你的语言,指着把手说:

   "抓住这个把手,然后转一下,你的胳膊转一圈。"

5. 描述玩具是如何发出音乐声的,可以说:

   "小米,你看哦! 转动这个把手就有音乐传出来了。"

   "这是你演奏的音乐哦,听!"

6. 在小丑即将跳出来以前,让宝宝做好心理准备,说:

   "小米,看看马上有事情要发生了。"

   "小丑要跳出来咯!"

7. 当小丑跳出来后,描述孩子的反应,可以这样说:
   "吓着你了吧? 你整个身子都朝后倒了。"

8. 鼓励孩子去找小丑。

   "小丑上哪儿去了呀? 我们把他找出来吧。"

   "转一下把手,找找看。"

☀ 成长亮点

婴儿从出生一直到 18 个月大,会表现出更多的恐惧感。这可能与此时他们已能分辨熟悉和陌生的面孔有关。这种能力使得他们在面对陌生人时、与熟悉的人分离时都显得焦虑。

换个花样

✌ 可使用八音盒或其他玩偶。

✌ 向孩子介绍其他会动的玩具。孩子可能会在看它们动起来时高兴地尖叫。

补充信息

✌ 孩子可能在第一次玩这个玩具时感到害怕。因为他们还不了解它的运作方式。但重复这个游戏后,通常会让他们喜欢上这个玩具。

✌ 第一次玩的时候,可以把玩具放得稍远一些,这能降低孩子的害怕程度。

弹出来

发展目标

✔ 将养育者作为参考咨询的对象

✔ 用与众不同、富有意义的方式表达情绪

材料

❑ 玩具匣(弹出型)

准备

✎ 选择一个方便照看的场地,把玩具放在地板上或一个适合儿童高度的架子上。

教养策略

1. 当孩子爬到玩具边时,凑上前去。

2. 向孩子描述玩具,可以说:

"小寒,如果你按一下这个按钮,会有事情发生哦!"

"如果你转动这个把手,会有东西跳出来。"

3. 观察孩子与玩具的互动。

4. 必要的话,可以用动作来强化你的语言,你可以示范性地按按钮,说:

"当我按下这个按钮时,会有东西跳出来。"

5. 对意想不到的事情作出惊讶的反应,是为孩子示范一种情绪。如果孩子看着你,是在把你当作一种参考。

6. 鼓励孩子去按按钮,可以说:

"小寒,轮到你了。用你的手去按按钮。"

"你来试试看,让我看看米老鼠藏在哪里。"

7. 正面的鼓励可能让孩子独立自主地重复一个行为,你可以说:

"你找到藏着的东西啦!"

"干得漂亮! 你找到了米老鼠!"

8. 描述孩子的反应能够让他们更好地理解一些情绪,可以说:

"小寒,这么兴奋是因为找到了米老鼠呢!"

"你笑啊笑,一定很喜欢这个玩具吧!"

成长亮点

这个阶段,孩子开始期待一些有规律的活动。比如说,当养育者在准备一个奶瓶时,孩子可能会爬过来,坐起来并伸手拿奶瓶。当门铃响起时,孩子也可能爬到门边。同样地,当玩某些玩具时,孩子也会期待有东西弹出来。

换个花样

✎ 也可用其他反射性的玩具来刺激孩子的情绪表达。

补充信息

✎ 这个时期,孩子在遇到新事物时,往往会依赖你提供的信息而作出反应。换而言之,孩子将他人作为一种参考。所以,示范性地表现出兴奋或兴趣能鼓励孩子去积极地探索周围的环境,并减少对新体验的恐惧。

我们中的陌生人

发展目标

✔ 学会应对见到陌生人时的不安

✔ 表达恐惧感

准备

✌ 告诉孩子家里会来客人

教养策略

1. 当陌生人进屋时，自己做好准备，因为孩子可能会哭或者靠近你。

2. 让自己处于能与孩子进行视线交流的位置，然后向孩子介绍陌生人。这可以让孩子知道陌生人是谁。比方说：

   "艾玛，这是我的朋友豪叔叔。他是来接他宝宝的。"

   "这是我的朋友米米，她是来帮忙做点心的。"

3. 始终待在孩子身边，并用安慰的语气说话。可以这样说：

   "艾玛，你怕生是很正常的。"

   "新面孔是会让人紧张的。"

4. 一定要让孩子有安全感。

   "我就待在你身边，米米是我的朋友。"

   "她在这儿的时候，我会一直搂着你。"

☀ 成长亮点

在这个阶段以前，孩子的情绪反应都是全身性的。而现在，他们开始有了清晰的针对性反应。他们会通过面部表情、眼神、声音和姿势来传递信息。当一个陌生人进入孩子的视线，他可能会哭，盯着人看，或者爬向你。

换个花样

✌ 每当孩子看到一张新面孔，就向他作介绍。

✌ 调整你的语言，向孩子揭示他与来访者之间的关系，比如这是谁家的爸爸、妈妈、婶婶和叔叔等。

补充信息

✌ 像邻居、朋友、邮差和快递员这样的陌生人经常来去。你的工作就是要让孩子习惯看到新面孔，温暖、关心和互动会让孩子意识到自己是安全的。

生理发育

10—12 个月

装进去、倒出来

发展目标

✔ 练习松开手指，放下东西
✔ 有意识地将一件东西放入容器

材料

☐ 泡沫块
☐ 大塑料桶

准备

✌ 选择一个方便照看的区域。
✌ 将大塑料桶放在清空的场地中央，把泡沫块四散在周围地板上。

教养策略

1. 当孩子爬进活动场地时，凑近观察孩子如何对待这些材料。

2. 如果孩子开始把玩泡沫块，看着他玩。过一会儿可以建议他说：

   "西西，把这些泡沫塑料放进桶里。"

3. 必要的话用动作来强化你的语言。你可以示范捡起泡沫塑料块放进桶里，同时说：

   "我们一起把这些泡沫塑料都装进桶里吧。"

4. 当孩子努力照做或取得成功时，要提供正面的鼓励和夸奖，可以说：

   "西西真努力呀！桶快装满了。"

   "你在忙着把泡沫装桶呢。"

   "看！你已经把所有的泡沫块都收拾好了。"

5. 如果孩子显得有兴趣，把桶清空，再玩一次。

成长亮点

大约 10 个月大的时候，孩子学会有意识地松开手里的东西。观察他们会发现，他们会花大量时间专注地捡起和放掉东西。

换个花样

✌ 在做清洁工作时，可以让孩子帮忙。
✌ 可以让孩子将橡胶与塑料玩具装进容器。

补充信息

✌ 孩子在松开手里的东西时，可能需要你的帮助。有两种协助方式：一、你可以伸手作接物状。二、建议孩子伸手到容器内，当手接触到容器的底部时，会受到刺激自然松手。
✌ 一旦孩子产生兴趣，可以放任孩子独自反复玩耍。
✌ 通过这个练习，孩子的动作会越来越协调、高效。
✌ 泡沫块是非常好的玩具，可以教会孩子空间概念和因果关系。

松手

发展目标

✔ 练习手部肌肉放松　✔ 进一步完善动作技能

材料

❑ 复杂一点的婴儿玩具

准备

✌ 观察孩子的注意力是否集中。保证你选用的玩具已经清洁与消毒。

教养策略

1. 当孩子想玩玩具时，提供你选择的玩具，并说：

   "卡卡，这有一个新的玩具给你玩。"

   "看看这个新玩具，用手指头摸摸看。"

2. 观察孩子如何探索新玩具，注意他是用嘴还是用手。

3. 用语言描述孩子的行为，可以说：

   "你正在用食指摸玩具呢。"

   "你正在用左手拿着玩具呢。"

   "你在用舌头舔它呢。"

4. 伸出手，让孩子把玩具递给你，以此练习自动松手。

5. 孩子松开玩具时可能需要协助。把你的手伸到玩具下面，作接物状。

6. 夸奖孩子的努力和成就，可以让孩子重复这个动作。比如说：

   "卡卡，干得好！你把玩具递给我了。"

   "你很努力呢，再试一次。"

7. 如果孩子始终显得兴致勃勃，把玩具递还给孩子，再玩一次。

☀ 成长亮点

在这个发展阶段，孩子正在学习自己放开握紧的手。当他们手里拿着一块泡沫塑料时，他们会松开手，放掉它。

换个花样

✌ 使用一个他以前最喜欢的玩具。

补充信息

✌ 继续把语言和孩子的行为联系起来。

✌ 当为孩子选择玩具时，它的构造是需要重点考虑的。选择耐用的、经受得起剧烈动作的玩具（Abrams & Kaufman 1990）。

掉东西

发展目标

✔ 练习松开手指、放掉东西

✔ 解决问题——通过拉绳子得到心爱之物

材料

❑ 3件婴儿玩具

❑ 3根3英尺长的羊毛线

准备

✌ 将每根羊毛线的一端系在一个玩具上，另一端系在高脚椅的扶手上。

✌ 把孩子抱到高脚椅上，系好安全带，把餐盘固定好。

教养策略

1. 把玩具放在餐盘上，一一作介绍，比如说：

"雨果，这是一只玩具恐龙。"

"这是你喜欢的玩具，一头奶牛，奶牛哞哞叫。"

2. 告诉孩子，如果玩具从椅子上掉下去了，该怎么办。可以这样说：

"雨果，看这些玩具，都用绳子系着。拉拉绳子看。"

"如果玩具掉下去了，就拉绳子。"

3. 用动作来强调你的语言，可以自己先把玩具碰下去，然后说：

"看我来拉绳子。"

4. 看孩子自己的动作，如何把玩具丢下椅子。

5. 响应孩子发出的声音。如果孩子很感兴趣或者很兴奋，可以说：

"雨果，你找到奶牛了！"

"很喜欢这个玩具吧。"

如果孩子感到沮丧，用温暖鼓励的语气提醒孩子，比方说：

"拉一下绳子。"

"你能行的！把奶牛找出来。"

☀ 成长亮点

孩子掉落东西时，也是在完善自己的动作技能。这种行为教会了他们因果关系。每掉下一件东西，孩子就能看到自己行为的直接后果。而成人如果立刻把东西捡起来，这个过程就成为了一种游戏。这种游戏往往会让孩子大笑或兴奋地尖叫。

换个花样

✌ 可以用羊毛线把喜欢的玩具系在婴儿床边。

补充信息

✌ 孩子总会从高脚椅上碰掉东西。所以这个活动可以增加趣味性。

✌ 在任何可能的情况下，都应欣赏孩子的成就。

安全事项

⚇ 使用羊毛线可减少危险性，因为它被绷紧时很容易拉断。

投篮

发展目标

✔ 练习抛投东西　　✔ 完善行走技巧

材料

☐ 坚固的洗衣篮
☐ 6—8个网球或轻型球

准备

✌ 为篮子周边清出一个场地。如果在室内,把篮子贴紧墙壁。如果在户外,把篮子靠在一道篱笆或一面墙前。

✌ 把网球放在篮子周围的地上。

教养策略

1. 当孩子走近或爬进游戏区域时,自己也走上前去。

2. 介绍这个游戏说:

   "拉拉,这是个很好玩的游戏。我们把球扔进篮子。看看你一共可以投几个球进篮?"

3. 示范一下动作,然后鼓励孩子把球投进篮子。

4. 数一下,投进篮子的球共有几个。

5. 表扬孩子的努力和成绩,可以说:

   "拉拉,你把球投进篮啦!"

   "一、二、三。篮子里一共有三个球。"

   "你把所有的球都投进篮子里了。"

   "你在帮忙捡球呢。"

☀ 成长亮点

刚刚开始学习投球时,孩子的动作是不协调的。他们经常会弄丢球,或在一手臂距离开外就松了手。因为他们还不能掌握松手的恰当时间。这是十分正常的,通过练习,他们的动作技巧会进步的。

换个花样

✌ 使用稍大的球如足球、篮球,可以锻炼更大面积的肌肉。

补充信息

✌ 低龄孩子总是对投球兴致勃勃的。看看他们的面部表情就知道他们玩得很开心。而且,他们对这个活动会非常投入。

涂鸦桌

发展目标

✔ 完善动作技巧　　✔ 练习用一只手支撑站在桌边

材料

❑ 一大张足以覆盖桌面的报纸或厚而不透水的纸

❑ 遮护胶带

❑ 红、绿、蓝和橘色的粗蜡笔

❑ 塑料盒

❑ 儿童桌或茶几

准备

✌ 把纸张铺在桌面上，并用遮护胶带固定住四角。

✌ 把蜡笔统统放在塑料盒里，放在离桌边5—6英寸的地方，方便孩子拿用。

教养策略

1. 当宝宝爬到或摇摇晃晃走到桌边时，向他解释这个活动。可以说：

　　"小马，看着我。用这些蜡笔可以在纸上画画哦。"

2. 鼓励孩子从盒子里挑选一支蜡笔，示意说：

　　"来选一支蜡笔。"

　　必要的话，把盒子推近些。

3. 要着重说明孩子选择的蜡笔：

　　"小马，你选了一支蓝色的。"

4. 观察孩子的"创作情况"，给孩子足够的时间来"构思"自己的艺术作品。然后形容孩子的举动和作品：

　　"你正在用手画一个圆。"

　　"你在画一条长长的线。线从这头一直伸到那一头。"

5. 正面的鼓励能够激发孩子参与这个活动的兴趣，可以说：

　　"小马画得很用心呢！"

　　"你用了不同的颜色，红、蓝和橘色。"

6. 在孩子失掉画画的兴趣以前，就在纸上签下宝宝的名字。字要正确、清晰，边写边念出来。

7. 为了增强宝宝的自信，指着他的画与名字，微笑着说：

　　"小马，这都是你画的，为自己感到很骄傲吧。"

☀ 成长亮点

　　这个年龄段的孩子正在完善更细致的动作技巧。用蜡笔画画的能力在学会捏东西时就已经具备了。和其他活动一样，他们会对涂鸦的效果十分喜悦，并感受到自己的动作与成果之间的因果关系。他们可以看到涂鸦是由自己的双手创造的。

换个花样

✌ 在用报纸覆盖桌面后，再多放几张纸让宝宝涂画装饰。

✌ 孩子坐在高脚椅上时，也能进行这个活动。

补充信息

✌ 对宝宝的涂鸦而言，蜡笔和纸的选择是重要的。用深色蜡笔在浅色纸上作画，能使孩子用不大的力道也能清晰地画出线条。而且，考虑到孩子的动作技能，蜡笔应选择粗的。

✌ 把孩子画画的日期也写上去。时间久了，收集的作品能让你看到孩子的进步。

✌ 为了防止孩子用蜡笔在墙上、地板上或家具上乱画，整个活动必须由成年人小心照看。

散步时间

发展目标

✔ 练习自己站在桌边　✔ 练习绕着桌子走动

材料

❑ 坚固的儿童桌或茶几

准备

✔ 收拾桌子,清空桌子周围的场地。

教养策略

1. 每当孩子试图靠着不牢固的支撑物站起来时,就把他领到桌边说:

   "莉莉,这张桌子是安全的。用这张桌子练习吧。"

2. 在孩子练习的时候,时刻守在一旁,以防孩子失去平衡后仰跌倒。

3. 观察孩子的举动,必要的话提供一些语言上的建议,但不要过度指导孩子。尝试与失败,以及不断的练习,是最有效的学习方法。比如可以这样说:

   "莉莉,用两只手。"

   "把腿抬起来。"

4. 对孩子的努力和成功都加以正面的激励,可以说:

   "看!你站起来了!"

   "你可以靠着桌子走路了。"

   "你沿着桌子走得真快。"

   "你真努力。"

5. 当你觉得孩子累了或想玩别的,帮孩子重新坐下来。

6. 你可以用这个说法来结束这个活动:

   "莉莉,今天你练习站起来非常努力。"

   "其实,你已经在练习走路了。"

7. 如果需要的话,帮助孩子过渡到下一个活动,比如说:

   "你累了吧,现在想看看书吗?"

成长亮点

值得注意的是:要避免过于匆促地让孩子独立站起来或行走。人为地让孩子保持站立姿势很少能让孩子学会这个动作。孩子在自己发育准备完毕的时候,只要有机会,自己会努力站起来。提供一件牢固的家具比如茶几或沙发,都能够协助这种发展(Leach, 1992)。

换个花样

✔ 可以在户外帮助孩子站起来,让他沿着一个坚固的建筑物或物体行走。

补充信息

✔ 这对宝宝来说是一个极其耗费体力的活动。所以他们在活动结束的时候,可能会特别疲倦或饥饿。

✔ 一旦宝宝自己站起来了,他们就没办法自己坐下。因为他们的双手要用来提供支撑,所以你需要经常帮助他们重新坐下。

✔ 让宝宝方便接近那些能帮助他们站起来的家具。

点心时间走一走

发展目标

✔ 在辅助下练习行走

✔ 在独立站立和行走时练习平衡

材料

无

准备

✌ 告诉宝宝，点心时间马上到了，所以该停止游戏，洗洗手了。

教养策略

1. 帮助孩子做好吃点心的准备，说：

   "茉茉，到吃点心时间了，你得先洗洗手。"

2. 鼓励宝宝跟你一起走到浴室或水槽前，伸出你的双手说：

   "把手给我，我们一起走。"

   "茉茉，我们一起走到水槽那里去。"

3. 用两只手轻柔地拉起宝宝，让他站好，然后走向水槽。

4. 正面的激励能够让宝宝感觉到新获得的技能很棒，从而增加自信。你可以说：

   "你走得真神气啊！"

   "你在努力走啊走。"

   "茉茉身体真棒！"

5. 帮宝宝洗手、擦干。

6. 走回吃点心的地方时，重复步骤4。

☀ 成长亮点

动作技能就像一个工作系统。当各分级系统相互融合时，就能发展出更高级的总体功能。所以在走路以前，孩子先学会坐和站。在爬行阶段后，孩子开始倚靠家具站起来。11个月大的时候，牵着他们的双手，他们就能行走了。大多数孩子在一周岁生日的时候，都能独立行走了（Berk，1997）。

换个花样

✌ 可以利用其他机会让孩子练习行走，比如午睡前、户外游戏时等。

补充信息

✌ 在一天的各个时段，应该是鼓励，而不是强迫孩子走路。孩子在玩耍的时候应鼓励他们多爬爬。因为这种行为对大脑发育十分必要，同时锻炼身体的两侧，对大脑也形成刺激。

✌ 孩子在移动身体的时候，体验学习了平衡与重心。

注意事项

❗ 为避免事故，应清理孩子前进路线上的障碍，以防孩子被绊倒或撞上家具。

语言沟通

10—12个月

穿好衣服出门啦

发展目标

✔ 促进语言接收能力的发展　✔ 展示对词语的理解

材料

无

准备

✔ 确保孩子穿的衣服适合户外游戏。

教养策略

1. 提醒孩子要换个活动了，比如说：

   "阿什丽，过一会儿我们洗洗准备出去了。"

2. 几分钟后，开始唱洗洗歌，比如：

   洗一洗，洗一洗，

   大家一起来。

   洗一洗，洗一洗，

   每个人都来洗一洗。

   一边唱儿歌一边收玩具，直到把玩具全部收好。

3. 玩具收好后，说：

   "我们准备一下出去吧，要带什么呢？ 今天外面起

   风了，带上帽子穿上夹克衫吧。"

4. 鼓励孩子去拿需要的东西，说：

   "阿什丽，去拿上你的帽子。"

   "过来，你得穿上外套。"

5. 孩子拿来一件衣物就给他正面的鼓励，因为这种

   行为说明婴儿的独立性发展到了一个新的水平，

   所以成人要激励他、表扬他，比如说：

   "这是你的帽子，找到啦！"

6. 帮孩子穿好衣服，准备出门。

☼ 成长亮点

婴儿一般 11 个月大的时候开始会指物，他们的指物能够在你们交流的时候把你的注意力指向远处的人或物。仔细地观察婴儿的指物，一般来说，他在指物之后会立刻看看你，他很想知道自己是否吸引了你的注意力。听，这个阶段婴儿的言语都是牙牙学语，是一种模仿式回声，这种言语大概出现在 9 到 10 个月的时候。婴儿会有意识地模仿别人的声音，但其实他们并不理解这些话是什么意思（Bentzen，2001）。

研究表明婴儿开始指物的年龄越早，两岁时的词汇量越大（Butterworth，1997）。

换个花样

✔ 户外游戏回来脱衣服时也可重复这个活动。

补充信息

✔ 孩子需要成人在活动转换前提醒他，这样能够帮助他们完成当前的活动并开始下一个。

✔ 鼓励婴儿尽可能地参与到穿衣服、脱衣服的活动中，这样能够促进独立性的发展。

我想要那个

发展目标

✔ 用手势达成目的　✔ 发展接收语言的能力

材料

无

准备

✌ 仔细观察儿童。

教养策略

1. 孩子指物或是用手势表达需要时,把他的需求详尽地表述出来以回应他,比如说:

   "你指着饼干盒子,科迪,你饿了吗? 想不想吃块饼干?"

2. 强调婴儿的行为,说:

   "这是一块饼干,你刚刚指着这个饼干盒。"

3. 帮婴儿满足他的需要,比如在这个例子里,把饼干盒递给他。

4. 观察婴儿,如果他还是饿,孩子可能会用手势表示还要一块饼干,如果看到了这样的手势,问:

   "科迪,还想要块饼干吗?"

☀ 成长亮点

　　会使用代替语言的手势体现了婴儿对语言的了解。比如他们会用手指自己感兴趣的东西。这种手势一般来说都伴随着咿呀学语,为这些手势贴上语言标签能够促进婴儿接收语言的能力与语言表达能力。

换个花样

✌ 给婴儿指令的时候添加一些手势来强化言语的刺激,比如说"把卡车放到架子上"的时候把你的手放到架子上。

补充信息

✌ 婴儿很快就会发现说话比做手势有效,因此,这个活动能够促进婴儿语言表达能力的发展。

✌ 在这个阶段,婴儿开始有意识地使用非言语的动作来表达意义。比如,他们会摇头或把头扭过去表示拒绝;他们会挥手以示再见;他们会一边做手势一边说"ah ah ah","ah ah ah"意思是他们想要什么东西,比如玩具、饼干等。只要看到婴儿这样的表现,养育者都要用语言回应他。

再来点儿

发展目标

✔ 用语言表达需要　✔ 用手势互动

材料

❑ 盛着营养小点心的小碟子

❑ 一罐果汁,一个装满液体的杯子

准备

✌ 准备好点心,在桌旁放把高脚椅,给椅子消毒,给孩子洗手。

教养策略

1. 用安全带把孩子固定在高脚椅上。

2. 用一个打不碎的塑料碟子装点心和杯子,放在高脚椅的托盘上。

3. 孩子吃点心的时候,仔细观察。

4. 如果孩子发出声音或是用手势表示还想要吃时,给他回应:

   "劳拉,你想要什么?"

5. 鼓励孩子用言语回应,比如说:

   "告诉我你想要什么。"

6. 如果婴儿做了个手势,用言语描述这个行为,比如:

   "劳拉,你指着罐子,是想再来点果汁吗?"

   "你指着饼干,是想再来点饼干吗?"

7. 需要的话,帮婴儿把话说出来,比如说:

   "再来点,再来点儿果汁,你还想要点儿果汁。"

   "再来点儿,再来点儿饼干,你还想要点儿饼干。"

8. 当然了,婴儿想要什么就给他什么。

☀ 成长亮点

一般来说,12 个月左右婴儿会说出第一个词,这些词一般指向的重要的人(妈妈,爸爸)、行为(再见,不)或移动的物体(球,汽车)。

换个花样

✌ 一日三餐时都可重复这个活动。

补充信息

✌ 鼓励孩子的互动,用声音和面部表情表达你的热情。

注意事项

❶ 仔细观察孩子,以防窒息。

动物的声音

发展目标

✔ 继续培养接受语言的能力

✔ 练习对问题作出回应

材料

❑ 带有熟悉动物图案的纸板书,比如狗、猫等动物

准备

✌ 在房间里找一个孩子容易够到的地方放书,也可以让婴儿自己选个地方。

教养策略

1. 选好书后,找个能够看到孩子的地方坐下来观察他如何探索。

2. 为婴儿读书,说:

"奥利弗,要不要我读书给你听?"

3. 如果婴儿摇头或者说"不要",仍然待在婴儿旁边,等他想要你读书的时候读给他听,比如:

"我就待在这儿哦,如果你想听我读的话。"

4. 婴儿可能会回答"好",点点头或把书递给你,那么就坐到婴儿身边,确保也能看到其他需要你照顾的孩子。

5. 开始读书。

6. 读书的时候就书上的图画问些问题,比如问:

"奥利弗,奶牛叫的声音是怎么样的?"

"这是什么动物?"

7. 提供正面的强化有助于婴儿发展语言表达能力,比如,说:

"对啦! 奶牛叫声是哞。"

"对,这是个鸭子。"

8. 如果婴儿还有兴趣的话再读一遍。

☀ 成长亮点

用提问来吸引孩子的注意力,问题能够激发语言能力的发展。在这个阶段,婴儿更喜欢用手势来回应,孩子在 2 岁时开始能用可辨认的言语回答问题。

换个花样

✌ 一边唱《老唐纳德》这首歌,一边鼓励婴儿模仿动物的声音。

补充信息

✌ 给婴儿读书可激发其语言发展,如果手头没书可读,就讲一个他喜欢的故事或者唱首儿歌。这些活动的价值不可忽视。通过这些活动,婴儿能够广泛地接触母语从而促进其接收语言的能力以及语言表达能力的发展。

✌ 让孩子看怎么翻书页,如果他也想参与,积极地鼓励他。

✌ 有书可读非常重要,孩子可能会想自己看看书,他们有时候会把书拿倒了或是一次翻了好几页,这都是很正常的表现。

就是这样

发展目标

✔ 继续发展接收语言的能力

✔ 模仿他人的行为或动作

材料

❑ 一块大毛巾或一块毯子

❑ 儿歌里面物品(牙刷、梳子、勺子)的图片

准备

✌ 收集好需要的东西放在容易够到的地方。

教养策略

1. 准备好房间,坐下来放好东西吸引孩子的注意。

2. 邀请孩子和你一起唱。

3. 引入儿歌,说:

"菲菲,有首歌,我们今天一起唱吧!"

4. 一边举着写着儿歌的牌子一边唱儿歌:

我们这样刷牙,

刷牙刷牙,

我们这样刷牙。

其他的歌词和动作:

大清早,

梳头发,

穿衣服,

吃早饭,

洗洗手,

开车去学校,

做运动。

5. 鼓励婴儿参与这个活动,说:

"让我看看你是怎么刷牙的。"

6. 如果孩子有兴趣,晚点再唱一遍这首儿歌。

☼ 成长亮点

一般来说,孩子在 12 个月大的时候说出第一个词,这些词一般和动作、任务或物体有关,因此带动作的儿歌有助于孩子发展接收语言和语言表达能力。

换个花样

✌ 继续添加歌词,比如睡一觉、吃麦片等等。

补充信息

✌ 婴儿的注意力持续的时间短,他们只能坐得住一小会儿,一般只能坐几分钟,所以活动一定要短,如果孩子喜欢这个活动,晚点可以再玩一遍。

✌ 按日常生活的程序唱这样的歌,有助于培养孩子的时间感,他们会发现活动是一个接一个的。

动物玩偶

发展目标

✔ 继续培养语言表达能力

✔ 继续培养接收语言的能力

材料

❑ 2个动物玩偶

❑ 2只空洗手液罐子,经过消毒,大小近似玩偶

准备

✌ 把玩偶放在罐子上,放在一个能吸引孩子注意的地方。

教养策略

1. 如果看到孩子从架子上挑了一个玩偶,过去问能不能跟他一起玩:

   "阿曼达,我能不能跟你一起玩?"

2. 如果孩子说"不"或者用动作表示拒绝,你可以说:

   "那我看着你玩。"

3. 如果孩子用手势或言语鼓励你和他一起玩,说:

   "太棒啦,我要那个鸭子玩偶。"

4. 需要的话,边做动作边说话加以强化。比如:

   "阿曼达,看我,我的手在玩偶里。"

   "我能让玩偶动起来,因为我把手放进去了。"

5. 鼓励孩子模仿动物的叫声,比如问:

   "你能学奶牛的叫声吗?哞哞。"

   "小鸭子的叫声是什么样的?嘎嘎。"

6. 强化婴儿学的动物叫声:

   "阿曼德,你哞哞叫得真像一头奶牛!"

   "好大的嘎嘎声。"

7. 模仿动物进行对话,让你的玩偶或婴儿的玩偶说话,这样能够促进婴儿发展接收语言的能力。

成长亮点

玩偶、填充动物、书、录音带等各种各样的东西都能用来促进婴幼儿的语言发展。尽管孩子常常会表现对一些东西的偏好,轮流用这些东西能够给孩子带来新奇感,激发他们的兴趣。

换个花样

✌ 选一本或几本关于这些动物的书读给孩子听。

补充信息

✌ 选书或玩偶的时候要选那些能代表不同种族的。

✌ 仔细地挑选玩偶,因为婴幼儿的精细动作还没发展好,玩偶要易于他们操作。

✌ 也可以用玩偶来鼓励孩子给他们触摸的物体起名字。

来玩吧！

发展目标

✔ 发起一个熟悉的游戏　✔ 练习用手势满足需求

材料

无

准备

✌ 观察儿童，看他是否处于警醒的状态。

教养策略

1. 给孩子换尿布时，观察孩子的细微动作，比如婴儿会试着抓自己的脚趾。

2. 对婴儿的动作作出回应，比如说：
   "克拉拉，你想唱'这只小猪'吗？"
   停一下，等待婴儿作出回应是很有价值的，也是尊重孩子的表现。

3. 如果婴儿摇头表示"不"，记住这个年龄段的孩子已经开始会表示拒绝了。

4. 如果婴儿点头、微笑或表示有兴趣来作出"是"的回应，就开始玩游戏。

5. 在整个游戏过程中，保持微笑和兴致，这种非言语的行为能够强化婴儿发起游戏的行为。

6. 游戏结束时，强化婴儿发起游戏的行为，比如：
   "克拉拉，你今天选了个很有意思的游戏玩哦。"
   "玩这个游戏的主意真棒！"

7. 如果婴儿微笑、咿呀学语或是眼神和你的目光保持接触，这都是她还有兴趣的表现，那就再玩一遍。

☀ 成长亮点

婴儿用两种前言语的姿势来影响他人的行为，第一种是陈述性指示，婴儿一边触摸、抓握或指着物体一边看着你以吸引你的注意；第二种是必要性指示，婴儿通过指物、努力的伸手够来让别人帮助他，这时往往还伴随着咿咿呀呀的声音（Bate，1979；Fenson et al.，1994）。

换个花样

✌ 手指谣、儿歌、童谣、游戏，如"可爱的罗宾"或"你的脚趾在哪里"（分别见"0—6个月的生理发展"和"社会发展"）见附录F。

补充信息

✌ 随着婴儿慢慢长大，他们会开始主动发起自己喜欢的游戏和你一起玩，细心观察有助于你了解他们喜欢玩什么。

✌ 让婴儿主导游戏能让他们知道自己能够作用于环境，这样可以培养他们的自我效能感。

认知水平

10—12个月

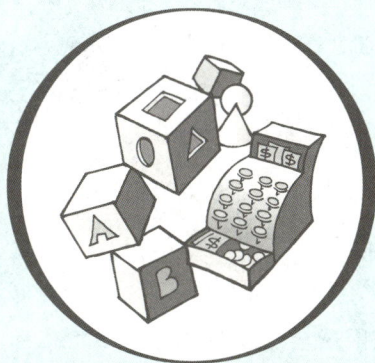

球和管子

发展目标

✔ 完善对客体永久性的理解

✔ 继续提高对因果关系的理解

材料

☐ 6 到 8 个网球

☐ 2 个尿布别针

☐ 直径 4 英寸的空心塑料管

☐ 2 根 12 英尺长的橡皮筋

☐ 2 个不易碎的罐子

☐ 遮护胶带

准备

✌ 用砂纸把塑料管子的末端打光,确保没有锐利的边缘。

✌ 在铁丝网围栏附近选一个光滑的地方,需要的话把它清理干净。

✌ 把管子靠着围栏放,管体与地面倾斜成一定的角度,一端要离地面 2 到 3 英寸,具体高度取决于孩子的身高,用橡皮筋和尿布别针把管子牢牢地固定在围栏上,橡皮筋的两头分别系在管子的两端。

✌ 在管子的两端各放一个罐子,把网球全部放在高的那一头的罐子里,调整一下低的那头的罐子的位置,好让网球能从管子里滚过去,落到那头的罐子里。

教养策略

1. 活动一开始就要仔细观察儿童的行为。

2. 如果孩子看上去需要你的帮助才能理解活动的目的,就跟他说一说这个活动。比如说:

   "清清,把球放在顶上,它会从管子里滚下来。"

3. 需要的话,可以一边说话一边做出相应的动作,一边把球放进管子的上面那头,一边说:

   "清清,把球放在管子里。"

4. 为发展客体永久性的概念,问孩子:

   "球去哪儿了?"

5. 孩子放掉球以后说一说后面会发生什么,比如:

   "清清,球从管子里滚下来了。"

   "球落在罐子里了。"

   这样的描述非常重要,有助于发展孩子对因果关系的理解。

6. 提供正面的强化能让孩子花更多的时间在这个活动上,比如:

   "清清,你干得很起劲呀。"

   "你喜欢这个游戏哦,你脸上笑得好开心哦。"

☀ 成长亮点

这个阶段的儿童的客体永久性仍在继续发展,对 3 个月大的孩子来说,看不见的东西就想不到,8 个月大的时候,儿童开始会寻找被盖住的东西,现在儿童的成长非常明显,他们会跟踪并把藏起来的物体找出来。

换个花样

✌ 放低管子的高度,这样坐在毯子上时也能玩。

补充信息

✌ 如果孩子还没有掌握客体永久性的原则,这个游戏就有魔法一般的吸引力。

注意事项

❶ 解下来的尿布别针要用遮护胶布包起来放好。

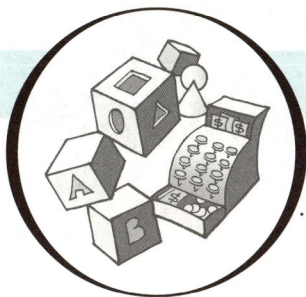

哪些是一样的?

发展目标

✔ 开始将物体分类

✔ 练习将相似的物体分成一组

材料

☐ 3个玩具;其中两个一模一样,另外一个不同,比如 2辆汽车,1辆卡车

准备

✌ 选一块能一直处于你视线范围内的地方,清理干净,摆好玩具。

教养策略

1. 开始游戏时,观察婴儿的行为,注意看他会选哪些玩具。

2. 趁婴儿游戏的时候靠过去问他:
   "玛雅,哪两个玩具是一样的?"

3. 对婴儿尝试分类和分类的结果给予强化。比如说:
   "对啦,有两辆公交车。"
   "你指的是一辆公交车和一辆卡车。"

4. 鼓励婴儿把玩具分开,比如,一边指着一边说:
   "玛雅,把公交车放这儿,卡车放那儿。"

5. 需要的话可以在说话的时候配上相应的动作,一边移动玩具一边说:
   "把公交车都放在一起。"

6. 对婴儿尝试分类和分类的结果给予强化,比如:
   "玛雅,你把公交车都放在一块了。"
   "你把公交车和卡车分开来了。"

☼ 成长亮点

对幼儿来说,分类是一项非常重要的能力(Herr, 1998)。对这个阶段的婴儿来说,分类就是一个基于一定的特点将物体分成几类的物理过程。简单的分类是根据颜色、大小或功能来分,语言会给婴儿提供一些物体之间相似相异的暗示,能够帮助他们将有关联的物体分类。

换个花样

✌ 给婴儿一些挑战,增加物品的数量让他分类。

补充信息

✌ 婴儿很早就开始分类了,事实上,当你在跟他描述哪些玩具一样哪些玩具不一样的时候,你就在帮助他学习分类了。

✌ 儿童的记忆能力和视觉认知能力都在不断提高,记忆和视觉认知都参与视觉解读的过程。

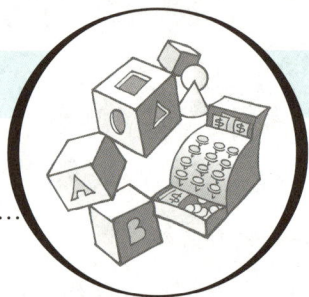

它在哪个盒子里？

发展目标

- ✔ 完善对客体永久性的理解
- ✔ 记住藏东西的地方
- ✔ 用已有的认知模式寻找藏起来的东西

材料

- ☐ 2个带盖的盒子
- ☐ 1个婴儿喜欢的玩具，大小要两个盒子都放得进
- ☐ 儿童桌或咖啡桌

准备

- ✔ 清理桌子并消毒，把盒子和玩具放在桌上。

教养策略

1. 邀请婴儿和你一起做游戏。比如说：

   "保罗，有个在桌上玩的游戏，想玩吗？"

2. 孩子到桌子旁边时，拿起玩具，向他解释游戏怎么玩：

   "我要把小汽车藏在其中一个盒子里，然后你来找"

3. 把玩具藏在盒子里，跟婴儿说：

   "找找小汽车。"

4. 对婴儿的尝试和成果给予正面的表扬，比如：

   "保罗，你成功啦，你找到小汽车啦。"

   "你在盒子里看一看。"

   "你把盖子举起来看看里面。"

5. 如果婴儿需要挑战，先把玩具藏在一个盒子里，然后当着婴儿的面再转移到另外一个盒子里，观察婴儿会去哪里找玩具。

6. 重复这个游戏一直到婴儿失去兴趣为止。

☀ 成长亮点

能理解客体永久性表明婴儿的记忆能力和目标导向的思维能力正在发展，一般来说，这个阶段的婴儿记性都不错，他们的搜寻策略也成熟了。仔细地观察他们，你会发现他们现在能跟着物体的运动从一个地方转移到另外一个地方。

换个花样

- ✔ 把玩具藏在礼品袋或枕套里。

补充信息

- ✔ 当婴儿在第二个藏物的地方找东西时，这正是他们在表现自己对客体永久性的理解。

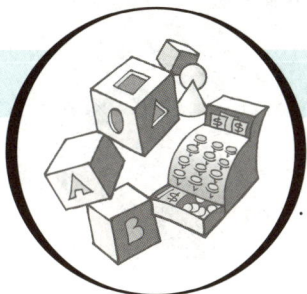

它在哪儿？

发展目标

✔ 搜寻想要的东西　　✔ 参与有意图的行为

材料

❏ 能安抚孩子的物品，如毯子、泰迪熊、安慰奶嘴等

准备

✌ 把这些东西放在方便取用的地方。

教养策略

1. 孩子感到不安时，建议他找一个自己喜欢的能安抚自己的东西。比如说：

   "兰兰，你的娃娃呢？抱住它能让你感觉好一点。"

   "帮我找找你的毯子，你把它放在哪儿了？"

2. 让婴儿找一找你说的物品，比如：

   "看看，它会在哪儿呢？在房间里转转。"

3. 让婴儿看看你说的地方，帮帮他。比如说：

   "兰兰，你睡觉的时候用过毯子呀，看看你的摇篮。"

   "你刚刚还在玩球呀。"

4. 对婴儿的尝试和成果都给予正面的表扬，比如说：

   "兰兰，你正在找你自己刚刚玩的球。"

   "继续看看，我们很快就会找到的。"

☀ 成长亮点

　　成人的角色是帮助儿童完成那些在他们水平之上的任务，这种帮助可以以语言为形式也可以以动作为形式，成人这种帮助儿童的行为叫作"支架"（Vygotsky，1978）。

换个花样

✌ 为了发展婴儿的记忆能力，让他找找一个不见了的玩具。

补充信息

✌ 帮婴儿找一找不见了的东西，特别是他们焦虑不安的时候。就像成人一样，想不起来事情也会让婴儿产生挫败感。

大搜索

发展目标

- ✔ 完善对客体永久性的理解
- ✔ 通过有目的的行为来解决问题

材料

- ❑ 一套星形积木
- ❑ 装玩具的容器

准备

- ✌ 清点并记下这组积木的数量。
- ✌ 留一个积木,将剩下的藏在房间里或者外面。见"成长亮点"中的说明。
- ✌ 把留下来的玩具放在口袋内,待会儿再给孩子看。
- ✌ 把容器放在房间中间。

教养策略

1. 引入活动,热情地说:

   "我藏了一些星形积木,你能帮我把他们找出来吗?"

2. 将口袋里的那个积木拿出来,并说:

   "这是个星形积木,我们来找找看。"

3. 无论婴儿是爬着或是走着发现一个隐藏的玩具,轻轻地拍拍他,并给予口头上的肯定。这将会鼓励他们继续寻找其他的星形积木。这些肯定包括:

   "本杰明,你找到了一个哦!"

   "哇! 好厉害啊。"

4. 解释容器在这个游戏中的作用:

   "这里有一个特别的篮子。这个篮子是用来装这些星形积木的,把它们放进来。"

5. 需要的话,给孩子做一下示范,把你口袋里的玩具放到篮子里。

6. 孩子在找玩具的时候可能需要帮助。走近他身边,提醒他:

   "它们会藏在哪里呢? 我们来看看这把椅子旁边有没有。"

   "看那棵树后面是什么。你找到了一个哦。"

   "好样的,本杰明! 那么现在把它放到篮子里吧。"

7. 如果婴儿把所有玩具都找出来了但还挺喜欢这个游戏,你可以继续从篮子里拿积木然后藏起来。

☀ 成长亮点

观察并记录孩子对客体永久性的理解。这个阶段的孩子,有些适合全部藏起来的游戏,有些却会觉得部分隐藏找起来都有些困难,因此,要根据孩子的发展水平提供一个富有刺激而又不失挑战的环境。

换个花样

- ✌ 把同类但不完全一模一样的东西藏起来,比如塑料动物园或农场里的动物。
- ✌ 换大型的塑料积木玩这个游戏。

补充信息

- ✌ 儿童经常热衷于寻找他们喜爱的玩具。
- ✌ 评估儿童对客体永久性的理解水平,根据结果来藏玩具。

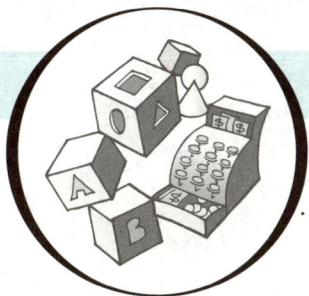

给汽车分类

发展目标

✔ 区分不同的物体　　✔ 将物体分成两类

材料

- ❏ 6辆红色小汽车
- ❏ 6辆蓝色小汽车
- ❏ 红色的碗
- ❏ 蓝色的碗
- ❏ 透明的盒子
- ❏ 儿童桌或咖啡桌

准备

✌ 在儿童桌或咖啡桌上清理出一块地方,把小汽车放到透明的盒子里,把红碗和蓝碗分别放在盒子的两边。

教养策略

1. 当孩子表现出对这个活动有兴趣时就开始活动:

   "托利,看看这些小汽车。"

2. 向婴儿描述这些玩具,比如:

   "这儿有红色的小汽车和蓝色的小汽车。"

   需要的话,说:

   "这些小汽车有两种颜色。"

3. 观察婴儿如何与这些玩具互动,问问自己:

   "婴儿在按颜色给小汽车分类吗?"

4. 让婴儿给小汽车分类,比如说:

   "你能把蓝色的小汽车放到蓝色的碗里吗?"

   "你能按颜色给小汽车分类吗?"

5. 对婴儿的尝试和成果都给予正面的表扬:

   "托利,你成功啦,你把一辆红色的小汽车放到红色的碗里了。"

   "你在给小汽车分类呢。"

☀ 成长亮点

儿童接收语言和语言表达能力的发展速率不一样,接收语言的能力的发展,又称交流能力早于语言表达能力。因此,你在描述儿童的动作时,是在将口头的言语和动作联系起来。这个年龄的婴儿可能会分类,但是不能将自己在做什么或已经做了什么说出来告诉你。

换个花样

✌ 用其他物品来分类。

补充信息

✌ 虽然婴儿很早就表现出分类的能力了,但也不要逼着他们去分类。要让他们分类,但更要鼓励他们自由地探索这些材料。

客人来啦

发展目标

✔ 从熟悉的养育者里辨认出陌生人　✔ 应对怕生

材料

无

准备

✌ 如果你知道有客人要来,安排他在你的孩子吃好睡好之后再登门拜访。

教养策略

1. 当陌生人走进房间时,跟他打招呼:

   "嘿,特雷斯,你好吗?"

2. 靠近孩子,他可能正因为陌生人的到来而感到焦虑不安,用镇定抚慰的语气说:

   "特雷斯今天来作客。"

3. 如果孩子因客人在场而感到不安,那就说说话,让客人和孩子都能理解,比如:

   "你不记得啦?特雷斯是我的朋友,他常常来看我们呀。"

4. 你的语气能让孩子镇定下来,另外,根据你对孩子的了解选择抚慰的方式,比如说:

   "要不要抱着你的小鸭子?它能让你舒服点。"

   "要不要给你摸摸背,摸摸背能让你平静下来哦。"

5. 如果客人因为孩子的反应而感到窘迫,跟他解释这是这个年龄孩子的正常行为。

成长亮点

一旦孩子掌握了客体永久性的概念,他们就会害怕陌生的面孔。一般来说,这种反应出现在 9 到 15 个月大的时候,过了这个阶段之后,不安和焦虑会逐渐减轻。在这个过程中,成人要示范怎样成功地应对这种焦虑并培养孩子的这种能力。

换个花样

✌ 利用在社区里散步、购物的机会慢慢地向陌生人介绍孩子。

补充信息

✌ 预先考虑孩子对陌生人的反应,准备好帮他减轻焦虑。

社交能力

10—12 个月

关于我

发展目标

✔ 认识自己的照片

✔ 认识朋友和家庭成员的照片

材料

❏ 相机

❏ 粘胶带

❏ 一张画有大树的纸

❏ 朋友或家庭成员照片

准备

✌ 为孩子拍照,如果你照料的孩子超过一个,一一为他们拍照。

✌ 把照片贴在画有大树的纸上,然后把整张纸贴在墙上或公告板上。

教养策略

1. 当孩子在观察照片时,和孩子一起看。

2. 观察孩子如何看和抚摸照片,孩子通常会试图把照片扯下来。如果你不希望以后更换这些照片,请看"换个花样"项。

3. 和孩子谈论这些照片,比如说:

"小乔,这是班里的小朋友和老师。"

4. 鼓励孩子找到自己的照片,可以这样问:

"小乔在哪里呀?"

5. 鼓励孩子把照片指出来:

"让我看看哪张是你的照片,指给我看看。"

6. 从正面激励孩子的努力和成就,可以这样讲:

"对啦! 小乔,照片里你在吃东西呢。"

7. 重复步骤4—6,请孩子把其他家庭成员的照片指出来。

☀ 成长亮点

渐渐地,孩子开始能够辨认他们世界中的家庭成员与对象。如果向他们出示一张照片,并说出人或物的名字,他们会指出来。他们也会用指的方式来与人交流自己的兴趣,或表示自己的辨别能力。

换个花样

✌ 需要的话,用透明玻璃贴纸覆盖在照片上。这样可以让孩子任意抚摸照片,而不会使照片脱落或损坏。

补充信息

✌ 尽管孩子并不能从镜子里认出自己,但他们已经可以从照片中认出自己。为了发展一个正面的自我认知,这样的活动是十分重要的。

玩沙子

发展目标

✔ 和兄弟姐妹或同龄人一起玩

✔ 在兄弟姐妹或同龄人身边玩

材料

❑ 一套玩沙子工具,包括一个小桶、一把小铲子、一把耙子,孩子多的话,每人一套

准备

✌ 向孩子们展示这些工具以吸引他们的注意力,同时建议他们如何分配这些工具。

教养策略

1. 当一个孩子打算玩沙子时,凑上前去。

2. 观察孩子如何接触这些玩沙工具。

3. 如果可能的话,建议孩子到沙坑边参与游戏,可以说:

   "劳伦,看这套小工具,想拿来挖沙子吗?"

4. 如果有第二个孩子参与,可以形容两人玩耍的情形,这样说:

   "你们两个人都在玩沙子。劳伦在挖沙子。小亚在往桶里装沙子。"

   "你们都在这个沙坑里玩呢!"

   "劳伦和小亚在同一个地方玩。"

5. 如果眼下没有别的孩子,自己也参与这个游戏。

☼ 成长亮点

在学会与他人共同游戏前,孩子先学会接受自己玩时,一旁有他人的存在。这被称为平行游戏模式。孩子可能与同伴们正在玩一样的玩具,但互相之间全无语言或视线交流。

换个花样

✌ 室内也可使用玩沙工具,可以用塑料小游泳池或大塑料盒代替沙坑。

✌ 可以稍稍把沙子打湿,让孩子玩耍时体验不同的感觉。

补充信息

✌ 在分发玩具时,要事先做好分配和介绍。这样能够避免可能的争夺与矛盾。比如说,如果一个孩子拿了另一个的铲子,可以这样解释:"这才是你的铲子。"

✌ 玩沙子是孩子体验不同材质的好机会。

注意事项

❶ 事先检查沙坑,防止里面有任何危险品,比如碎玻璃或动物粪便。

一本关于我的书

发展目标

✔ 发展正面的自我认知

✔ 从一张照片里认出自己

材料

❏ 相机

❏ 签名笔

❏ 图画用纸

❏ 打孔机

❏ 羊毛线

❏ 胶水

准备

✌ 为孩子拍照并扩印出来。

✌ 为孩子制作一本书，首先裁切图画纸，使其四周边框比照片皆宽 2 英寸。比方说，你扩印的照片尺寸是 3×5 英寸的，图画纸大小则应该是 5×7 英寸。每张照片配一张图画纸。如果可能，用一张稍厚的纸做封面。将照片一一用胶水贴在纸上、晾干。按次序整理书页和封面。在每一页的左侧用打孔机打 5—7 个孔。然后将羊毛线穿过小孔，把书页装订起来。装订的时候注意打结固定。在书的封面写上《××的书》，在封底内页写上"完"。

教养策略

1. 在孩子午睡前，把书放在孩子的小床或婴儿床边。

2. 在孩子午睡前，为孩子读这本书。如果孩子喜欢你搂着他，就搂着他边摇晃边读。如果孩子喜欢平躺下来，把他放到床上，然后一边念一边轻轻抚摸他的腹部。

3. 讲故事的时候，指着照片说：

   "这是谁呀？"

4. 正面夸奖孩子的努力和成就，比如说：

   "对啦，这是你的照片呀，这是可可。"

5. 描述照片上的孩子正在做什么。你可以这样讲：

   "你正在推一辆卡车呢。你最喜欢一边推车一边嘴里'叭叭叭'地叫了。"

   "这张照片上你正在午睡，你抱着一个娃娃睡着了，就像现在。"

6. 如果孩子显得有兴趣，再念一遍。

☼ 成长亮点

即使孩子还不能认出镜中的自己，但他们已经能辨认出照片中的自己。这种辨认是一种自我认知，认识到自己是一个独立的人，与周围环境里的人或物是完全不同的。这个过程在出生的头几个月就开始了，但完全发展完善需要两年。当 9—12 个月大的孩子看到自己的照片或录像带时，会与自己的影像玩捉迷藏（Berk，1997）。

换个花样

✌ 也可以看家庭成员的相册，最喜爱的玩具照片等书。

✌ 可以利用玩具商品目录来制作一本书。

补充信息

✌ 只要可能，尽量使用大幅彩照。

✌ 可以制作各类书，如《我最心爱的玩具》、《我的朋友们》、《我生命的第一年》、《我的宠物》等。

洗娃娃

发展目标

✔ 开始区分男孩和女孩

✔ 练习亲社会的利他行为

材料

☐ 一个大塑料收纳盒

☐ 一块大毛巾

☐ 塑料桌布

☐ 生理特征明显的男女娃娃各一只,可选用不同的人种

☐ 一块浴巾

☐ 工作罩衫或干燥衣服

准备

✌ 准备一个方便照看的区域,铺开塑料桌布。

✌ 在收纳盒里注入 1—2 英寸深的温水,把盒子放在桌布上,然后把娃娃放进去。把浴巾搭在盒子边上,大毛巾放在一边。

✌ 如果参与游戏的孩子多于一个,给每人准备一套。

教养策略

1. 在孩子开始活动以前,帮他穿上罩衫,同时介绍一下这个活动,比如说:

   "小艾,我们要玩水了,你可以帮娃娃洗澡。"

2. 观察孩子如何对待娃娃。鼓励孩子温柔地对待娃娃,说:

   "轻轻地给他洗脸,别让水流到他的眼睛里,他会不舒服的。"

   "你在给她洗脚趾头呢,轻轻地洗。"

3. 帮助孩子认识到两个娃娃外表上的不同。比如说,指出一个是女娃娃,另一个是男娃娃。同时讨论一下肤色上的差异,可以把娃娃的特征和孩子自己或家庭成员联系起来。可以这样说:

   "小艾,你和这个娃娃一样是黑色卷发。"

   "这是个男娃娃,你也是个男孩。"

4. 娃娃洗好以后,鼓励孩子用大毛巾帮他们擦干身体。而且你可以建议孩子抱抱娃娃。

5. 鼓励孩子的这种行为可以让他理解如何照顾别人,可以说:

   "小艾,你正在照顾这个娃娃。"

   "娃娃觉得冷了,所以你帮他擦干身子吧。"

☀ 成长亮点

这个年龄的孩子开始注意到男女之间的基本生理差异。使用正确的词汇来说明身体的各个部位是十分重要的。尽管如此,应多强调男女之间的共同点。

换个花样

✌ 为了发展对身体的认知,说明娃娃的各个部位。可以从最明显的部位开始,如眼睛、手臂、脚趾、腿、嘴、耳朵和鼻子。

补充信息

✌ 所有的孩子都应该学习照顾他人的行为。这种正面的利他技巧对孩子来说是十分重要的。

✌ 玩水对孩子来说,这也是一种愉悦的感知体验,他们通过这种活动来了解周边的环境。

抹乳液

发展目标

✔ 增强对身体的意识 ✔ 与成年人互动

材料

❑ 带泵式喷嘴的护手乳液

准备

✌ 把乳液放在一个方便的位置，最好直接放在洗手盆边。

教养策略

1. 在给孩子换好尿布后，你和宝宝都需要洗手。

2. 洗过手后，鼓励宝宝使用乳液。比如这样说：
   "洗完手后，手很干，你想抹点乳液吗？乳液可以让手变得柔软。"
   如果孩子回答"不"，去和他做别的事。如果孩子回答"好的"，拿过乳液瓶子。

3. 示范如何挤出乳液，用语言联系行动，可以说：
   "按一下，乳液就出来了。然后我们擦擦擦，我在给两手抹乳液呢。"

4. 鼓励孩子伸出自己的双手，然后把乳液挤在他手上，接着说：
   "擦擦你的两只手，把乳液抹开。把手指头都抹到！"

5. 需要的话，用动作配合你的话，帮孩子抹开乳液，一边说：
   "抹上乳液后，现在你的小手就软软滑滑啦！"
   "我们这次合作，给你的双手抹好乳液啦。"

☀ 成长亮点

这个年龄的孩子已经能够展示对自己身体部位的认知。他们特别显著的举动是通过手势来指点或示意。整个一岁期间，都应该不断通过指明身体部位来帮助孩子发展这个技巧。

换个花样

✌ 鼓励孩子自己挤出乳液。

补充信息

✌ 必须购买无香精、低过敏性的乳液产品。

注意事项

❶ 仔细照看孩子，以防孩子误吞乳液。对喜欢吮吸手和手指的孩子，此项活动不合适。

照顾宝宝

发展目标
- ✔ 练习亲社会技巧
- ✔ 如果可能,在另一个孩子身边玩

材料
- ❑ 两个生理特征明显、不同人种的娃娃,一男一女
- ❑ 两个奶瓶

准备
- ✌ 整理一个适合孩子高度的架子,把娃娃放在架子上。

教养策略

1. 当孩子开始玩娃娃的时候,在一旁观察他的行为。注意他是如何疼爱娃娃的。

2. 向孩子建议新的照顾方式,比如说:
   "宝宝饿了吗? 要不要给他一个奶瓶?"
   "也许娃娃想在摇椅里摇上一会儿呢。"
   "娃娃想不想在屋里转转?"

3. 如果房间里还有别的孩子,鼓励他们一起来玩娃娃,可以示意说:
   "悦悦,你愿意喂娃娃吗? 她饿了。"
   "小海,给你一个娃娃。"

4. 如果还有其他孩子在场,谈论孩子们是如何在玩相似的玩具,可以说:
   "查理和小海都在玩娃娃。"
   "悦悦和凯瑟琳都在给娃娃喂奶。"

5. 正面表扬鼓励孩子们照顾娃娃的行为,比方说:
   "你搂着娃娃的样子很温柔呢!"
   "你帮到娃娃了,现在你的娃娃不哭了。"

☀ 成长亮点

孩子们需要学习亲社会行为,其中就包括对他人的友善。这类行为包括帮助、分享、合作。具体例子有从语言上、行动上安慰他人;分工合作一起玩耍、打扫;分享好东西、显示关心;分享喜悦的心情等(Herr 1998)。玩娃娃并照顾娃娃能够激发亲社会行为。

换个花样
- ✌ 给孩子绒毛动物和娃娃都能鼓励照顾行为。

补充信息
- ✌ 所有的孩子都应该学习如何照顾他人。这都是未来社交技巧的基础,例如设身处地的换位思考。无论性别,所有孩子都需学习。
- ✌ 在引导孩子的时候,都要尽可能地使用建议语气,而不是命令口气。小孩子都是对建议反应更积极的。

粉笔画

发展目标

✔ 和别的孩子同时玩耍　✔ 参与他人的对话

材料

☐ 给每个孩子准备一套带各种颜色的粉笔

☐ 不会打破的盒子

准备

✎ 选择一条避开交通主干道的人行道。

✎ 然后把一盒粉笔放在选定区域,如果还有其他孩子参加进来,给他们每人划一块地方。

教养策略

1. 鼓励孩子们用粉笔涂涂画画,坐在粉笔盒旁,你在现场可以吸引孩子们的注意力。

2. 孩子们开始在人行道上涂鸦时,描述孩子们的行为,比如说:

　"贝贝,你在用红色粉笔画一根很长很长的线。"

　"你在画黄色的圈圈。"

　"所以你的胳膊也在抡圆圈呢。"

3. 为了让孩子喜欢参与谈话,可以提问,你的话题可以包括现在的、过去的和将来的事。比如说:

　"你喜欢画画。"

　"你在画很大的记号呢。"

　"等画完了我们就进去吃东西。你喜欢苹果还是橘子?"

4. 让孩子不受干扰地画画。对孩子发出的声音要作出语言上或行动上的响应和鼓励。比如一边说话一边点头或微笑:

　"啊,这我倒不知道,给我说说。"

　"画好了吧? 我们得吃东西去了。"

5. 如果有别的孩子在场并想参与活动,欢迎说:

　"想和贝贝一起画吗?"

6. 让孩子们安安静静地一起画画。

7. 谈论孩子们如何用同样的材料在同样的地点玩,可以说:

　"贝贝和萝莉两个都在用粉笔画画,在画一幅很大的画。"

　"贝贝在画大圈圈,萝莉在画小圈圈。你们两个都在画圈圈。"

☀ 成长亮点

孩子讲的头几个词一般和喜欢的人、移动的物体和熟悉的行为有关。大多数孩子在这个时期只能用一两个词来交流。以后他们将学会用几个词来组成一句话。要想明白他们的意思,必须观察他们的身体语言,倾听他们的声音。

换个花样

✎ 这个活动也可在室内的儿童桌或茶几上进行。用纸铺满整张桌子,放上粉笔即可。

补充信息

✎ 你对谈话的理解取决于孩子的语言技巧。不过这个活动的意义不在于对语言的理解,而在于沟通的社交意义。

情商培养

10—12 个月

外出归来 ···

发展目标

✔ 照着养育者的请求做

✔ 协助大人帮自己穿衣

材料

❏ 大扣件的儿童装

准备

✌ 先帮孩子穿上大扣件的衣服。

教养策略

1. 外出归来后，先和孩子谈谈，在开始玩耍之前应该
   做些什么事。比如：
   "波波，你得先把外套脱了，然后把它挂起来。"

2. 如果需要的话，帮助孩子脱掉外套，可以这样鼓励
   孩子自己动手：
   "波波，把它们拉开，把揿钮拉开。"

3. 用动作配合你的语言也许是必要的。你可以先帮
   他拉开一对揿钮，然后鼓励孩子继续照做。

4. 对孩子的尝试和努力都作出正面表扬，可以说：
   "波波，谢谢你帮忙。"
   "真是个好帮手！你把外套解开了！"

5. 一旦脱下外套，就说：
   "我去把你的外套挂起来。"

☀ 成长亮点

孩子需要很多时间来练习新的技巧。不
耐烦或催促孩子动作快点都会让孩子拒绝帮
忙。想让孩子独立，态度应温暖、关切和充满
耐心。当孩子学习和练习新的动作技巧时，
请尽量少出手帮助孩子，给他们提供最大的
独立空间。

换个花样

✌ 当孩子穿上外套时，也引导孩子帮忙。

补充信息

✌ 对一个小孩子来说，穿衣服可能是费时间、费心力
的事。所以要密切关注孩子的情绪。

✌ 给小孩子选择衣服的时候，尽量选择扣件大、方便
脱穿的衣服。

✌ 当孩子的手眼协调和动作技巧增强后，他们就可
以用手指和手来协调地穿衣了。

布丁时间

发展目标

✔ 用一把调羹喂自己

✔ 表达兴奋情绪

材料

❏ 高脚椅或点心桌

❏ 打不碎的碗

❏ 调羹

❏ 围兜

准备

✌ 根据孩子喜爱的配方准备一份布丁。把布丁放在一个不易碎的碗里，在吃点心以前都置于冰箱冷冻。

教养策略

1. 吃点心以前，事先告诉孩子接下来的环节：
   "快到吃点心的时间了，我们先来洗洗手。"

2. 吃点心前，把布丁取出，放在孩子够不到的地方。

3. 告诉孩子，是时候去卫生间洗手了。这整个过程可能都需要协助孩子。

4. 帮孩子坐上高脚椅或坐在小桌前。为了培养孩子的独立，提供两个围兜让孩子选择。需要的话，帮孩子系上围兜。

5. 告诉孩子今天的点心是什么：
   "今天我们吃布丁，你可以用一把调羹吃。"

6. 给孩子一个碗，一把调羹。

7. 鼓励孩子用调羹，说：
   "用你的调羹吃。"
   "用调羹把布丁送到嘴边。"

8. 正面表扬孩子的尝试和成功，这能让孩子主动再试，比方说：
   "哦，掉下来了，再试试。"
   "你在很用心地学用调羹。"

9. 谈论孩子的面部表情，尤其是调羹送到嘴边的时候，可以说：
   "你在微笑，用调羹吃东西很开心吧。"
   "看起来真高兴，布丁味道好吗？"

☼ 成长亮点

这个阶段的孩子正开始喜欢自己喂自己。成年人在这个过程当中要帮助他们舀取食物。观察他们是如何努力去控制餐具的。因为缺乏协调能力，还没到嘴边，他们就经常把调羹弄翻了。这样，吃的东西就掉了。

换个花样

✌ 其他各种有营养的小食如苹果酱、酸奶也能帮助他们练习如何使用调羹。

补充信息

✌ 用调羹吃东西往往让孩子挺沮丧的，所有的好吃的还没到嘴边就掉了！所以一面要鼓励他们自己用调羹，一面要教他们如何有效地利用手指。

✌ 小孩子吃东西要戴围兜，因为他们吃东西时经常弄脏衣服。

注意事项

❶ 为了防止滑倒，孩子弄掉的食物要及时清理干净。

奏一首歌

发展目标

✔ 通过音乐表达情感　✔ 主动和成年人玩耍

材料

❑ 2—3个带盖子的麦片罐或类似空罐

准备

✌ 清洁罐子和盖子。然后清空场地,把罐子放在孩子可以看到的地方。

教养策略

1. 在孩子选了一个罐子后,观察他接下来的行为。

2. 如果孩子咿咿呀呀或盯着你看,这表示他想和你玩,你可以坐到他的身边。

3. 描述孩子对待罐子的举动,可以说:

   "小左,你在用手指头敲盖子呢!"

   "你在用手掌演奏音乐。"

4. 如果你想到一首歌,就顺着孩子敲打"小鼓"的节奏唱出来。

5. 如果孩子显得有兴趣,就请他跟着哼哼。

6. 模仿孩子打鼓的举动,说:

   "小左,看着我,我在跟你学呢!"

7. 对通过音乐表达情感的方式加以正面激励,描述孩子此时的情绪,可以说:

   "小左,你在演奏一段欢快的曲子。"

   "你在生气呢,所以这么用力地敲小鼓。"

☀ 成长亮点

音乐能够帮助孩子表达他们的情绪。大人在此时所起的作用可以是定义孩子的情绪,可以使用的词汇包括快乐、悲伤、兴奋、沮丧和生气。

换个花样

✌ 还可以使用其他打不破的食品罐,包括花生罐、咖啡罐。注意听,你会发现音色会随容器的大小而发生变化。

✌ 可以事先挑选一首适合配以打击乐的歌曲。

补充信息

✌ 孩子喜欢制造噪音。这个阶段的他们已经理解了因果关系。所以只要给他们提供合适的机会,都能让他们自得其乐。

穿衣的书

发展目标

✔ 增加自助技巧方面的知识

✔ 通过拍手来表达快乐

材料

❑ 关于穿衣的纸板书,例如《我的衣服》(Sian Tucker 著)

准备

☝ 观察孩子是否有兴趣和准备来学习自助技巧。

☝ 把书放在容易拿到的地方。

教养策略

1. 告诉孩子,你有一本很特别的书要念,以吸引孩子的注意力。看看孩子是否有兴趣坐在你的腿上,你可以说:

   "丁丁,我有一本特别的书,是关于穿衣服的。我念的时候,你坐在我的腿上听好吗?"

2. 开始念书,边念边用手指着书上的每一种衣物叫出名字。同时,让孩子指点自己身上相应的衣物,比如说:

   "你的衬衫在哪儿?"

   "我的鞋子在哪儿?"

3. 正面表扬孩子的每一次尝试和成就,可以说:

   "丁丁,是的,这是你的衬衫。"

   "太好了!"

   "你指的完全正确!"

   除此之外,通过拍手来表达你的兴奋之情。

4. 讨论你和孩子在衣着上有关色彩和款式上的差异。可以说:

   "丁丁,你的衬衫上有纽扣。而我的衬衫上是一根拉链。"

   "你的鞋是棕色的,而我的是蓝色的。"

   "你们俩都有棕色的鞋子,就和书上的一样。"

5. 如果孩子感兴趣,把这本书再读一遍。

☀ 成长亮点

为孩子创造一个充满刺激的环境是很重要的。尽管如此,成人与孩子之间的互动过多也会造成过度刺激和紧张。观察孩子发出的种种信号。如果孩子不高兴了,减少刺激程度。和成年人一样,孩子也需要独处的空间。

换个花样

☝ 为了加强话题轮换的技能,在你介绍和指出一件衣物之后,鼓励孩子重复你的行为。

补充信息

☝ 对学习自助的孩子来说,他们需要一定的词汇量。为了促进这个发展,为他们提供一个语言丰富的环境。

☝ 孩子在这个年龄已经能够双手对称地合拢拍打了。这时,整个身体的两侧都能同样地运动。

我认识一只老乌龟

发展目标

- ✔ 学会对某样滑稽的事物哈哈大笑
- ✔ 主动与成年人嬉戏

材料

- ❏ 索引卡
- ❏ 记号笔

准备

✌ 需要的话，把手指谣中的一些名词写在索引卡上。

教养策略

1. 当宝宝靠近你的时候，响应他的咿呀儿语和各种身体语言。比如说：

   "萝莉，你想玩吗？"

   "你好呀，萝莉，我们一起玩吧。"

2. 邀请孩子和你一起来唱这首手指谣：

   "你喜欢昨天我们玩的手指谣吗？我们再玩一次吧。"

3. 边唱手指谣边做动作：

   我认识一只老乌龟，（握拳）

   它住在盒子里。（把拳头置于另一只手的掌心之上）

   它在水坑里游啊游，（舞动手指作划水状）

   还爬上了大石头。（手指做攀爬状）

   它啊呜一口要吃小鱼，（做手指夹物状）

   它啊呜一口要吃小虾，（做手指夹物状）

   它啊呜一口要吃田螺，（做手指夹物状）

   它啊呜一口要吃掉我。（做手指夹物状）

   它抓住了小鱼，（夹着手指伸出胳膊，然后收回胳膊）

   它抓住了小虾，（夹着手指伸出胳膊，然后收回胳膊）

   它抓住了田螺，（夹着手指伸出胳膊，然后收回胳膊）

   但就是没抓住我！（微笑着摇头）

4. 响应孩子对这首手指谣的感觉，并加以评论：

   "笑得真开心，很喜欢这个游戏吧。"

   "你一边笑一边拍手，所以我猜你挺喜欢的。"

5. 如果孩子显得有兴趣，再玩一遍。

☼ 成长亮点

一岁左右的孩子和熟悉的人在一起，会表现得特别亲密。在这个成长阶段，你需要持续和他们玩，拥抱、摇晃他们，为他们唱歌，和他们聊天。通过这些举动，会让孩子感到自己是被爱着的、有价值的、受到尊重的。

换个花样

✌ 可以用别人或家庭成员的名字来替代手指谣里提到的名词。

✌ 唱一首喜欢的歌曲。

补充信息

✌ 宝宝经常试图接近你，但要理解他们的真实意图却比较困难。他们是有特别的要求还是仅仅想引起你的注意？所以在这种时候就得多预备下几首歌和手指谣。

解决问题

发展目标

✔ 表达情感　✔ 接受养育者的请求与建议

材料

❑ 拖绳玩具

准备

✌ 把拖绳玩具放在户外一个比较平坦的地方。

教养策略

1. 观察孩子与玩具的互动。如果玩具翻了,孩子可能会继续拉着它往前走,然后发现情况不对时,会沮丧地哭起来。

2. 走到孩子身边,说说看到的事情:

   "小林,你的拖绳玩具碰到问题了,不肯走了,所以你哭了。"

3. 问孩子一个问题,帮助他解决问题,比如说:

   "你的拖绳玩具还动吗?"

4. 如果孩子回答"不",就说:

   "那好,小林,把玩具扶起来。"

   如果孩子回答"是",就说:

   "小林,拿到人行道上试试。"

5. 如果孩子在人行道上又玩得很顺畅,夸奖他:

   "干得好! 你把问题解决了! 玩具没事了。"

   "你想出了修好玩具的好办法哦!"

☀ 成长亮点

对孩子来说,帮他们解决问题这件事往往会造成依赖性,而不是独立性。所以,应提供暗示与建议,让他们自己去发现解决问题的办法。这样不仅能鼓励孩子的自主性,也能增强他们的自信。

换个花样

✌ 注意观察,还有哪些事容易让孩子沮丧。提供协助与鼓励,让孩子自己去解决问题。

补充信息

✌ 当孩子碰到问题时,不要急于出手帮忙,给他一点时间自己去尝试解决。这是给孩子培养独立自主的机会。

✌ 尽可能少提供帮助,让孩子尽可能多地积累学习经验。

✌ 拖绳玩具是鼓励孩子运动的绝佳玩具。在孩子练习走路的过程中,它能够吸引孩子的注意力。在他们试图控制一个拖绳玩具的时候,需要停、走、变换方向。观察孩子玩拖绳玩具,会发现他们通过试验与练习,反应越来越灵敏。

家谱

发展目标

✔ 表达兴奋感　✔ 为自己鼓掌喝彩

材料

❑ 宝宝个人照片、家庭成员照片、宠物照片

❑ 一大张纸

准备

✌ 把照片一一贴在大纸上,然后把整张纸贴在墙上,高度和孩子的视线持平。在家中,图片也可贴在冰箱或告示板上。

教养策略

1. 当宝宝走近照片时,你也凑上前去。

2. 观察孩子如何看和触碰这些照片。孩子典型的行为包括指指点点、抚摸和试图扯下照片。这些行为都是正常的,必须加以鼓励。

3. 和孩子谈论照片,比如说:

　"娜娜,看,这是你的照片!"

　"这是你的一家人。"

4. 正面激励孩子的尝试,可以说:

　"你很兴奋啊,现在指的是外婆。"

　"指得好! 现在你指的是家里的小狗。"

5. 示范拍手动作来表达自豪。比如当孩子指着家人照片时,就拍手说:

　"娜娜,真该为自己感到骄傲,你找到了爸爸的照片。"

☼ 成长亮点

这个活动要想取得成功,需要同时满足两个条件。第一,孩子必须具备一定的长期记忆能力,并从中获取信息,来辨识亲属的面孔。第二,认出以后,还能表达出类似快乐的情绪。

换个花样

✌ 为了让孩子能反复进行这个活动,好好保存整张照片拼贴。可以在这些照片上贴上透明胶纸,照片就不会被损坏了。

✌ 可以对这个活动加以延伸,从杂志上、商品目录上和挂历上剪下动物、交通工具和服饰的图片,自己制作概念海报。

补充信息

✌ 过一段时间就更换图片可以增加新鲜感。而且,它可以反映出孩子和家人的成长和变化。

婴幼儿推荐用书

婴幼儿应该从小沉浸在一个文学作品丰富的环境中。未来阅读的基础甚至有可能在出生的头几个月就已经打下,充满关爱的成年人让孩子有机会多接触书籍,是对他们未来文字能力的滋养。书籍和口语都是帮助婴幼儿熟悉语言的工具。年幼的孩子都喜欢翻书、听故事,他们也非常喜欢成年人反反复复为他们读书时,那种画面和声音的刺激。

书籍对孩子有以下几个方面的帮助:

◆ 发展视觉敏锐度

◆ 发展视觉记忆力

◆ 发展听力

◆ 发展听觉记忆力

◆ 传递新的和有趣的信息

◆ 介绍新的词汇

◆ 刺激新的思考和想法

◆ 帮助孩子掌握看书的动作技巧,例如翻页,同时欣赏文字和图画

根据婴幼儿的特点而精心设计的书籍汗牛充栋。那些最佳的范例通常包含丰富的版式设计、清晰的主题、简单的故事、独特的艺术表现形式或摄影作品。

那些专门为婴儿提供的书籍尺寸都是比较小的,根据孩子小手的尺寸以及他们喜欢坐在大人腿上阅读的习惯而设计。这些书的书页通常很厚实或很柔软,同时考虑到了安全问题和孩子翻页的难易。很多书的页面都带有可擦拭的覆膜,而且是安全的圆角设计。它们的材质包括布、尼龙和可在浴缸里浮起的气垫塑料。它们的内容主要是通过清晰的图片或照片来表现婴儿自身以及相关的生活。

向幼儿提供的书籍也使用小尺寸,材质坚固。其他特征包括互动性,例如触摸材质、开窗翻片、可拆卸或粘贴的部分。内容主题依然以识物和简单故事为主。近来,一些著名的图画书也被改制成纸板书,大大提高了幼儿阅读材料的质量。

书籍的选择

根据幼儿的年龄段来选择童书是件花心思的事。选择的第一个指导方向即获奖童书。你可以在当地图书馆向图书管理员索要一个获奖童书的目录;同样,可以请当地书店的销售人员提供信息。通常他们手头都有一份这样的目录,或者可以通过网络搜索找到信息。网络销售商当然也能向你提供相关咨询。

你在选择一本图画书的时候,要先看看图画的大小和质量,仔细地查看。你会发现,针对婴幼儿的绘本的插画艺术风格非常多元化,有照片、水彩、线条画、拼贴等。当你检查书的时候,记得婴幼儿需要大幅的、现实风格的插图。现实主义插画有两大功能:吸引孩子的注意力和兴趣,让他们有识物的能力。

除了获奖情况和插图的质量,你还应该根据以下标准为婴幼儿挑选书籍:

✔ 这本书的内容对孩子们合适吗?

✔ 这本书的视觉魅力足够吗?

✔ 书页是否厚实、牢固、容易清洁?

✔ 插图是否足够大、色彩鲜艳?

✔ 插画里是否包含了孩子熟悉的人、事、物?

✔ 这个故事能否折射出孩子自己的生活经验?

✔ 书中词汇是否恰当?

针对幼儿的书,你需要问自己以下问题:

✔ 这个故事是不是简单易懂?

✔ 这个故事有没有包含反复的、富有韵律的句子来鼓励孩子跟着念?

✔ 这个故事有没有包含不同种族、文化和能力的孩子或主角?

向纸页书的演进

大一些的孩子开始向一般的纸页书进发了。刚开始，可以在你能够一直照看的情况下给孩子纸页书。因为这时候孩子的精细动作还比较笨拙，可能会撕坏书。而且，孩子可能会按照翻纸板书的方式来翻纸页书，所以你必须教导孩子如何"像个大孩子那样"小心爱护书籍。

为婴幼儿读书的建议

针对为婴幼儿读书的活动，我们有以下七个建议：

◇ 先得坐得舒服！坐在沙发上、摇椅上，或者直接坐在地板上，后背靠着墙。把孩子抱在腿上，或者和一组小孩子亲密地坐在一起。

◇ 读故事的时候要慢慢地，给孩子们充裕的时间来观察、欣赏插图。这能让每一个人都充分享受书本带来的乐趣。

◇ 可以中间提问，让孩子们参与谈话。因为阅读活动不仅仅刺激听力，也应促进语言表达能力的发展。

◇ 可以暂停一下，鼓励孩子们和你一起大声念。你会发现婴儿会咿咿呀呀，而幼儿会说几个词。这些经验都能加强孩子在交流中的角色转换技巧。

◇ 让孩子来主导。比如，鼓励孩子来翻页。不要担心孩子会跳过几页，因为很可能以后你们还会重读这本书，可以补充这次遗漏的部分。

◇ 鼓励孩子读故事给你听。阅读时间长短要根据孩子的兴趣。强迫孩子把书读完只会消磨他们对书籍的热爱。

◇ 通过你的声音和面部表情来传递你对这本书的热情。当成年人也乐在其中的时候，孩子们才能学会热爱书籍。

婴儿用书分类：

布书

尼龙书、浴缸专用塑料书

触觉书

纸板书

0—1岁幼儿推荐书单

保冬妮：《水墨宝宝视觉启蒙绘本》（四册），北京师范大学出版社。

[荷]迪克·布鲁纳著，童趣出版有限公司编译：《米菲绘本系列》（第1、2、3辑），童趣出版有限公司。

张明红著，罗玲、吴儆芦绘画：《摸一摸，看一看》、《这是什么》（黑白书、触摸书），华东师范大学出版社。

张明红著，邬斯琪绘：《大大小小的书》（每套6本，纸板书），华东师范大学出版社。

[美]李欧·李奥尼著，彭懿译：《小蓝和小黄》，明天出版社。

[英]露斯·马丁著，（英）约翰·巴特勒绘，荣信文化编译：《雨天里的小鸭子》（双面动画书），未来出版社。

[英]艾米丽·霍金斯著，（英）约翰·巴特勒，荣信文化编译：《害怕黑夜的小兔子》（双面动画书），未来出版社。

[英]格德萨克（Goldsack，G.）编文；（英）卡那斯（Canals，S.）绘：《摇摆的虫子》（手指布偶书，四册），未来出版社。

[法]伊莎贝尔·平编绘，张悦译：《小洞的故事》、《和我在一起的一天》（洞洞纸板书，两册），安徽少年儿童出版社。

莫里斯·普莱格尔编著，荣信文化编译：《小水獭奥斯卡》、《小猫头鹰奥奇》、《小兔比利》、《小熊波比》（纸板触摸书），未来出版社。

为儿童选择材料与玩具的注意事项

虽然大多数材料与玩具看似安全,但你会发现,幼儿有种不可思议的能力,能把它们的零部件——给拆下来。这很容易造成危险。所以,为了减少安全隐患,你必须时常检查这些物品。当选择和购买各类专供幼儿使用的材料与玩具时,请按照表中各项仔细确认,保证使用的绝对安全。

安全事项	是	否
A. 是否易碎?		
B. 是否耐用?		
C. 可否洗涤?		
D. 是否够大、难以吞咽?		
E. 有没有可拆下的零部件?		
F. 是否有锐利边缘?		
G. 是否由无毒材料制成?		
H. 是否有容易夹伤人的缝隙?		
I. 所占空间是否合适?		
有助于儿童成长		
A. 是否按照儿童年龄设计?		
B. 是否挑战儿童的能力?		
C. 对已有的材料与玩具是否是一种补充?		
D. 是否培养多重技巧?		
E. 是否需要孩子的参与?		
F. 是中性化的设计吗?		
G. 是否鼓励多元文化的视角?		
H. 是否宣扬非暴力的游戏方式?		

促进婴幼儿健康成长发育的材料与玩具

各种材料与玩具在促进婴幼儿健康成长发育方面,扮演着重要的角色,同时也为孩子提供了很多乐趣。

促进婴儿成长发育的材料与玩具

动物玩具	不同人种的娃娃	可弹出玩偶的玩具或匣子
婴儿乳液	面团、陶土	手指谣玩具
球类	橡皮筋、松紧带	木偶
铃铛	填充型玩具	大块拼图
毯子或垫子	小滑翔机	推、拉玩具
轻型积木	高脚椅	不同大小、形状、重量和材质的响铃
书籍(黑白以及彩色图画书——纸板书、布书、塑料书)	日用品(罐、平底锅、木制勺、金属或塑料碗、洗衣篮等)	木马
不同材质的地毯片	婴儿椅	摇椅
小车玩具	童车	塑料玩具
音乐类型丰富的磁带或光盘:爵士、摇篮曲、古典音乐等	可串大珠子	挤压型玩具
沙发或牢固的家具	不易碎镜子	可叠起套环
粗蜡笔	带轮子玩具	手推童车
换尿布桌	儿童型乐器	绒毛动物玩具
不易碎的餐具(杯、勺、碟等)	套杯	透光画
玩偶配件:小毯子、小床、娃娃衣服	奶嘴	录音机或 CD 机
	小桶、小铲	磨牙环
	笔刷	毛巾
	儿童照片	玩具电话机
	靠枕	带轮子的玩具
		风铃

促进幼儿健康成长发育的材料与玩具(包含上表内所有玩具)

积木	敲击类玩具(锤子、钉子)	简单形状分类玩具
纸盒	面具	串珠
扮家家玩具:锅、碗、盆	螺帽螺栓	交通工具:小轿车、卡车、船、火车、飞机
服饰:帽、鞋、围巾、首饰和钱包	铅笔、颜料、可洗彩水笔	小三轮
小鼓	套圈玩具	小拖车
带轮子的前推玩具	沙坑工具:铲子、勺子、筛子	独轮手推车
	简单拼图	

13—36 个月幼儿活动

对幼儿来说,肢体活动,比如带音乐的,是十分有意义的。它是幼儿表达自己的重要工具。他们可以根据口头指令或音乐来活动,比如说,你可以请孩子们像大象一样踏着沉重的步子或像小兔一样蹦蹦跳跳。记住,孩子对活动的反应是根据年龄变化的。通过肢体活动,孩子们可以:

- 学会一些词汇,比如快、慢、轻、响
- 活动的时候探究自己的身体
- 练习韵律节奏和身体活动的结合
- 根据空间位置活动身体
- 表达自己的想象力(Herr,2001)

这个附录包含了一些专门为幼儿设计的肢体活动。为了介绍这些活动,你应该边描述,边亲身做出示范。

听鼓声

快、慢、重重的、轻轻的、大的、小的

模仿动物

像一只又大又重的大象那样挪动

像一只又小又重的青蛙那样移动

像一只又大又轻的沙滩球那样动

像一只又小又轻的蝴蝶那样飞舞

收到礼物的哑剧

你要得到一件礼物

礼物盒子是什么形状?

盒子有多大? 摸摸盒子

拿起盒子,打开包装

把礼物拿出来,然后放回原地

职业哑剧

让我们看看一个小丑怎么做

让我们看看一个卡车司机怎么做

让我们看看一个小婴儿会怎样

让我们看看妈妈什么样

让我们看看爸爸什么样

让我们看看一个公交司机怎么做

情绪哑剧

让我看看你高兴的时候什么样

让我看看你累了的时候什么样

让我看看你早上起床什么样

让我看看你难过的时候什么样

让我看看你生气的时候什么样

空间位置

把左腿伸出来

把右腿往后伸

抬腿

试着去够天花板

摸摸地板

时间概念

飞快地跑

慢吞吞地走

跳上跳下

慢慢跳

快快跳

慢慢在地板上坐下来

慢慢在地板上蜷缩起来

最喜爱的手指谣、童谣和儿歌

　　手指谣、童谣和儿歌都能帮助婴幼儿发展社交技巧、听觉记忆、语言表达能力和概念的形成。它们也能让孩子们了解自己身体的各个部位,并意识到自己是一个独立的、有行动能力的人。手指谣同时应用了多种多样的动作和词汇,有些还包括全身动作。举例来说,"一只小猪"就是深受幼儿喜爱的一首手指谣。孩子越小,节奏和肢体语言就应该越简单。对这些孩子来说,大幅度的身体语言更合适。孩子在学会那些词汇以前,就会看着你并模仿动作。非常典型的情况是,大一些的孩子在经过几遍重复后,能够逐渐学会一些词语。在这个附录中,包含了一些孩子喜爱的手指谣、童谣和儿歌(有的英文歌的韵律,译后无法表达,因此选用了类似的中文儿歌代替)。值得重视的是,手指谣可以作为"我是谁?"概念教学的重要方法加以应用;当幼龄的孩子听到自己的名字被包含在歌谣中时,会特别高兴。

伸手摸摸头

伸手摸摸头,变个大马猴。

摸摸小鼻梁,变头小绵羊。

摸摸小耳垂,变匹小乌骓。

摸摸小脖颈,变条小蚯蚓。

摸摸肩膀头,变头小黄牛。

摸摸咯吱窝,变匹小骆驼。

摸摸胳膊肘,变只小黑狗。

摸摸小手心,变只小青蝇。

摸摸肚脐眼,变个小不点。

摸摸脊梁沟,变个小泥鳅。

摸摸屁股蛋,变条小黄鳝。

摸摸小腿肚,变个小白兔。

摸摸脚底板,变个小橄榄。

手指头大变身

一根手指头,变呀变呀变,

变成毛毛虫。(左右手食指相对向前拱)

两根手指头,变呀变呀变,

变成小白兔。(两根手指放在头顶)

三根手指头,变呀变呀变,

变成小花猫。(三根手指放在嘴边,扮成胡须)

四根手指头,变呀变呀变,

变成花蝴蝶。(左右手大拇指勾在一起,伸展其余四根手指扇动)

五根手指头,变呀变呀变,

变成大螃蟹。(两手手心向下靠拢,八根手指模仿蟹脚爬动)

金锁银锁

金锁银锁,(成人和孩子面对面,伸出一只手,手心向下。宝宝把食指伸出,向上抵住成人掌心,并左右转动,作钥匙开锁状)

嘎啦啦一锁!(成人迅速握拳,抓孩子的手指。孩子则及时缩回食指,不被抓住)

小动物

让我们(模仿动物相应动作)

像只小兔蹦蹦蹦,

像只青蛙跳跳跳,

像只小鸭迈步子,

像只小鸟飞飞飞,

像条小鱼游游游。

刷牙

我在刷牙刷刷刷,(假装刷牙动作)

左右左右刷刷刷。

喝口水来漱漱口,(鼓起腮帮子作喷水状)

看看自己笑眯眯。(向彼此微笑)

转圈圈

我们一起转圈圈,

小小步子慢慢走。

步子慢慢来迈大,

我们一起站圈圈。

拍手 1

拍拍手,一二三,

像我一样来拍手。

绕绕手,一二三,

像我一样来绕手。

拍手 2

拍拍手,拍拍手,

拍得慢,慢慢拍。

拍拍手,拍拍手,

拍得快,快快拍。

时钟

(表演小钟时用手指转圈,表演大钟时用手臂转圈)

小小时钟正在走,

嚓嚓嚓嚓,嚓嚓嚓嚓。

大大笨钟正在走,

嘀嗒嘀嗒,嘀嗒嘀嗒。

找朋友

找呀找,找朋友,

找到一个好朋友。

敬个礼,握握手,

你是我的好朋友。

这有一个球

这有一个球,(把两手手指拢起作球状)

这有一个大球,(把两手手臂合起作球状)

还有一个最大的球,(伸展开两条手臂)

现在我们数一数,一共几个球?(每次相应做动作,表示尺寸不断变大)

我爱我家

有的家很大,(伸展双臂)

有的家很小,(收拢双臂)

但是我还是,

最爱我的家(交叉双臂拥抱自己)。

开开关关

打开,关上;打开,关上;打开,关上;我们一起拍小手;

打开,关上;打开,关上;打开,关上;这有一群小豆豆。

爬呀爬,爬呀爬,

手指爬上小下巴。

张开小嘴,

可别放进去。

开开关关,开开关关,

飞到肩膀上,

然后变成小鸟,

飞上天空,

最后落地,

快捡起来。

转个圈圈,转个圈圈,

越来越快,越来越快,

越来越慢,越来越慢。

我的全身

脑袋、肩膀、膝盖和脚趾头，

膝盖和脚趾头。

眼睛、耳朵、嘴巴和小鼻头。

脑袋、肩膀、膝盖和脚趾头，

膝盖和脚趾头。

左手右手

这是我的右手，

我来举高高。（举高右手）

这是我的左手，

我来做体操。（举高左手）

右手，（摊开右手掌心）

左手，（摊开左手掌心）

绕一绕。（绕两手）

左手，（伸出左手）

右手，（伸出右手）

嘭嘭嘭。（两手握拳相击）

我的小乌龟

这是我的小乌龟，（握拳，伸出大拇指代表乌龟头部）

住的硬壳像钢盔。（把大拇指藏进拳头）

想吃东西伸出头，（把大拇指伸出）

想睡大觉缩回去。（把大拇指藏进拳头）

小小茶壶

我是一把小茶壶，

小小身材胖嘟嘟。

弯弯的把手细细的嘴，（右手插腰，伸出左手，掌心向上作壶嘴状）

等到水开就欢呼。

倒一倒，倒一倒，（身体往左倾）

香喷喷的好茶咕嘟嘟。

小小蜘蛛

小小蜘蛛爬进管道，管道弯弯绕，

一场大雨浇下，蜘蛛被冲跑。

太阳公公出来，把大家晒干了，

小小蜘蛛又爬呀爬，爬出了管道。

红豆粥、绿豆粥

红豆粥烫，

绿豆粥凉，

粥放在锅里时间长。

有人喜欢烫，

有人喜欢凉，

有人说先要尝一尝。

珍珠小姐

有位小姐叫珍珠，

坐进碗橱吃奶酥。

爬来一只大蜘蛛，

小姐逃走呜呜呜。

小老鼠

小老鼠，上灯台，

偷油吃，下不来。

喵喵喵，猫来了，

叽里咕噜滚下来。

歌 曲

音乐是世界性语言,对所有年龄的孩子来说它都是一种完美的表达方式。婴幼儿需要在非常自然的情况下体验大量不同类型的音乐。他们喜爱轻柔、舒缓、温暖的摇篮曲。除了摇篮曲,古典音乐、民族音乐和不同种族、文化的音乐传统都应让他们体验。孩子喜欢关于动物和熟悉物品的歌曲,讲故事的和不断重复迭句的歌曲也非常受他们欢迎。针对他们的年龄、能力和兴趣,选择那些旋律节奏鲜明,但歌词简单的歌曲。幼儿更容易记住这样的歌曲。唱歌的时候,要感情充沛。

音乐对幼儿来说也是一种珍贵的体验。孩子在活动和午睡的时候都喜欢听音乐。音乐促进了听力的发育,增加了孩子的词汇量。它是一种工具,能够教会孩子一些新的概念,如上、下、快、慢、重、轻、小声、响等。音乐释放了压力,刺激了想象力,同时刺激了听觉记忆力的发展。

歌曲目录

《小燕子》

王路 词 王云阶 曲

小燕子,穿花衣,
年年春天来这里。
我问燕子你为啥来?
燕子说,这里的春天最美丽。

《聪明的一休》

格叽格叽格叽格叽格叽格叽,
我们爱你。
格叽格叽格叽格叽格叽格叽,
聪明伶俐。
机智啊那个也比不过小机灵,
大风大雨什么都不畏惧小机灵。
淘气顽皮顽皮淘气数第一,
骂人打架却从来没有你小机灵。
啊,
啊,
开动脑筋呀。
困难重重,
困难重重,
你毫不介意,

毫不介意,
毫不介意,
毫不介意。
爱惜时光,
学习知识,
你却最努力。
同情弱者,
不怕邪恶,
帮助别人不忘记。
格叽格叽格叽格叽格叽格叽,
我们爱你。
格叽格叽格叽格叽格叽格叽,
聪明伶俐,
小一休!

《海鸥》

金波 词,宋军 曲

海鸥,海鸥,我们的朋友,你是我们的好朋友。
当我们坐上船儿去出航,你总飞在我们的船前船后。
你扇动着洁白的翅膀,向我们快乐地招手。
海鸥,海鸥,我们的朋友,海鸥,我们的好朋友。

《两只老虎》

两只老虎,两只老虎,跑得快,跑得快,

一只没有耳朵,一只没有尾巴,

真奇怪! 真奇怪!

《小兔子乖乖》

小兔儿乖乖,

把门儿开开,

快点儿开开,

我要进来。

不开不开我不开,

妈妈没回来,

谁来也不开。

小兔儿乖乖,

把门儿开开,

快点儿开开,

我要进来。

就开就开我就开,

妈妈回来了,

我就把门开。

《小白船》(朝鲜童谣)

蓝蓝的天空银河里,有只小白船。

船上有棵桂花树,白兔在游玩。

桨儿桨儿看不见,船上也没帆,

飘呀飘呀,飘向西天。

渡过那条银河水,走向云彩国。

走过那个云彩国,再向哪儿去?

在那遥远的地方,闪着金光,

晨星是灯塔,照呀照得亮。

《采蘑菇的小姑娘》

采蘑菇的小姑娘,背着一个大竹筐,清晨光着小脚丫,走遍森林和山冈。

她采的蘑菇最多,多得像那星星数不清,她采的

蘑菇最大,大得像那小伞装满筐,噻箩箩!

《小毛驴》

我有一只小毛驴我从来也不骑,有一天我心血来潮骑着去赶集。我手里拿着小皮鞭我心里正得意,不知怎么哗拉拉拉我摔了一身泥。

《健康歌》

左三圈,右三圈,脖子扭扭,屁股扭扭,

早睡早起,咱们来做运动。

抖抖手啊,抖抖脚啊,

勤做深呼吸,学爷爷唱唱跳跳,

你才不会老。

笑眯眯,笑眯眯,

做人客气,快乐容易,

爷爷说的容易,早上起床哈啾,哈啾,

不要乱吃零食,多喝开水,

咕噜咕噜,我比谁更有活力。

左三圈,右三圈,

脖子扭扭,屁股扭扭,

早睡早起,咱们来做运动。

抖抖手啊,抖抖脚啊,

勤做深呼吸,学爷爷唱唱跳跳,

我也不会老。

笑眯眯,笑眯眯,对人客气,笑容可掬,

你越来越美丽,人人都说 nice nice。

饭前记得洗手,饭后记得漱口漱口,

健康的人快乐多。

左三圈,右三圈,脖子扭扭,屁股扭扭,

早睡早起,咱们来做运动。

抖抖手啊,抖抖脚啊,

勤做深呼吸,学爷爷唱唱跳跳,

我们不会老。

《蓝精灵》

在那山的那边海的那边有一群蓝精灵,他们活泼又聪明,他们调皮又灵敏。他们自由自在生活在那绿色的大森林,他们善良勇敢相互都欢喜。噢,可爱的蓝精灵,噢,可爱的蓝精灵,他们齐心合力开动脑筋斗败了格格巫,他们唱歌跳舞快乐多欢喜。

节奏乐器

使用节奏乐器是一种教会孩子表达自我的教学方法。节奏乐器可以是普通的家居用品，也可以通过教学用具商店或邮购、网购购买。样品包括：

现售商品：
鼓

铃鼓

铜钹

摇铃

沙球

家居用品

锅

平底锅

盖子

木勺

铝煎锅

金属

金属打蛋器

塑料碗

你也能即兴创作和改装一些东西——旧罐头、带塑料盖的薯条罐、咖啡瓶等。这些东西都可以拿来当鼓敲。如果你把一些小东西放进罐子里，也可以变成摇铃。不过，要记得用胶带封好罐子的盖子，别让孩子把盖子取下来。

配　方

　　面团和黏土是能令幼儿心满意足的游戏材料。面团比黏土要柔软，所以通常更受幼儿青睐，而且面团更容易揉搓变形。假如你给孩子一块面团，不待你开口，孩子就会开始对它戳呀、推呀、滚呀、捏呀、掰呀、挤呀，捣个没完。相比较而言，黏土更坚硬，需要发育得更好的手做动作来处理。因此，黏土适合年龄大一些的孩子。

　　可以用来塑形的面团和黏土对幼儿来说是非常有价值的工具。玩黏土、面团及其相关玩具可以给孩子带来的益处是：

✔ 用自己的感官去探索材料

✔ 表达自己的想法和思路

✔ 学习材料的物理属性

✔ 发展选择能力

✔ 学会了解工具在人类手中能产生的价值

✔ 提高理解能力

✔ 发展小肌肉协调技巧

✔ 发展手眼协调技巧

✔ 实验性探索、表达自己的情绪

　　黏土或面团可以染色，以增加乐趣。食物染色剂是比较好的染色材料，因为它们不会蹭在孩子的手上。食物染色剂可以直接添加到配方的液体材料中。而且，蛋白颜料可以添加到面粉中。这种方法需要揉搓面团。大概一加仑容积的密封塑料袋是用来揉搓带蛋白颜料的面团的好工具。

　　给每个孩子一块和橘子或葡萄柚差不多大小的面团。除非桌面本身的材料是丽光板或人造、天然大理石，否则，必须在桌面上盖一层方便清洗或一次性的桌布。玩面团的时候也有注意事项，这些规定包括：1.面团只能在桌上或是你指定的区域玩；2.孩子互相不应影响、干涉对方的玩法；3.玩过任何材料后，孩子都应洗手。并且，在孩子玩面团的时候，一定要始终有成年人在场照看。尽管面团是无毒的，但还是有可能被孩子误食，造成胃部不适。

面团或黏土配方

黏面团

　　3 杯面粉

　　3 杯盐

　　3 汤匙明矾

　　搅拌材料，慢慢加水，一次只加一点，用调羹搅拌。当材料变得粘稠起来时，用手进行搅拌，直到它达到理想黏度。如果感觉太干，就加水；如果太稀薄，就加等量的面粉和盐。

游戏黏土

2 杯面粉

1 杯盐

1 杯热水

2 汤匙食用油

4 茶匙食用色素塔塔粉

均匀搅拌。反复揉搓,直至材料变得光滑。这份面团可以用密封塑料袋或塑料盒保存,以备下次再次使用。如果面团变黏,可以再加些面粉。

最受欢迎的面团

将 2 杯水

1/2 杯盐

食用色素或蛋白颜料煮至完全溶解;

同时往热材料里添加:

2 汤匙食用油

2 汤匙明矾

2 杯面粉

大概将成品揉搓 5 分钟,直至表面光滑,然后放入密封盒中保存。

玉米淀粉苏打面团

2 杯玉米淀粉

4 杯食用苏打粉

2 又 1/2 杯水

需要的话,可添加食用色素

在一个平底锅中,将食用苏打粉、玉米淀粉和水混合,用中火加热,一边慢慢搅拌。当混合物变得黏稠并成团后,从火上拿开。材料冷却后,反复揉搓,在此过程中可以加入食用色素。(注意:如果你只为一个孩子准备面团,将所有材料减半。)

玉米淀粉面团

1/2 杯盐

1/4 杯水

1/2 杯玉米淀粉

食用色素

将所有材料充分混合后用小火加热,同时不断搅拌。待材料成团后,加入相应的食用色素。

棉绒面团

1/2 杯细棉绒

1 杯温水

1/3 杯面粉

1 滴肉桂油或丁香油

将棉绒和水放在平底锅里搅拌,棉绒会吸取绝大多数的水分。然后加入面粉,不断搅拌。加入油后用中火加热。当材料表面拱起时,放到耐热桌面上冷却 10 分钟。(注意:这种材料不易保存,所以应立刻使用。)

微波炉面团

2 杯面粉

1/2 杯玉米淀粉

2 杯水

1 杯盐

1 汤匙明矾

1 汤匙食用油

食用色素

将面粉、盐、玉米淀粉和明矾放入一个 2 夸脱的碗里。将水、油和食用色素搅拌均匀,然后倒在干材料中开始搅拌。放入微波炉,每加热 1 分钟,就搅拌一次。一共加热 4 分半钟或 5 分钟。然后待混合物冷却。

沙子面团

4 杯细沙

3 杯面粉

1/4 杯玉米淀粉

1/4 杯油

1 杯水

在碗里把沙子和面粉混合。然后加入玉米淀粉、油和水。如果需要的话,可以加入更多的水以达到理想柔软度。

面包师面团 1

1 杯玉米淀粉

2 杯食用苏打粉

1 又 1/2 杯冷水

将所有材料混合,搅拌直至表面光滑。然后用中火加热,直至材料变得像土豆泥一样。然后把材料放在盘子或碗里,上面盖一块湿布。当材料冷却时,用手反复揉搓直至表面光滑,然后放在洒了玉米淀粉的桌面上。用塑料袋或密封容器保存。

面包师面团 2

4 杯面粉

1 又 1/2 杯水

1 杯盐

将所有材料充分搅拌，揉搓 5—10 分钟。然后用擀面棍擀至 1/4 英寸的厚度。用曲奇饼模子或小刀切下，上部各钻一个孔。放入 250 摄氏度的烤箱中烘烤 2 小时。待冷却后，可以用蛋白颜料或亚克力颜料在上面画画，末了刷一层指甲油。

云朵面团

3 杯水

1 杯油

香精油（胡椒油、冬绿油或柠檬精油）

食用色素

将所有材料搅拌，如果想要成品更柔软可以再加半杯水。

锯木屑面团

2 杯锯木屑

3 杯面粉

1 杯盐

将所有材料混合。根据需要加水。这种面团会变得非常坚硬，不易摔碎。适宜用来制作想永久保存的物品。

煮熟的面团

1 杯面粉

半杯玉米淀粉

4 杯水

1 杯盐

3 或 4 磅面粉

需要的话可以添加染色剂

这个配方的材料需要慢慢耐心地搅拌。将玉米淀粉和面粉用冷水混合。水中加入盐后煮开。将煮开的盐水倒入面粉混合物里，用水浴法煮至透明。然后在锅中加入面粉和色素，进行揉搓。如果成品太湿，可以加入面粉；如果太干，可以加水。用湿布或湿毛巾把面团卷起来放在有盖子的容器内保存。这种面团的质地非常好，适用于所有年龄组。可以保存 2—3 个星期。

咸面团

4 杯盐

1 杯玉米淀粉

将足量水和材料混合,形成一个面团。用中火加热,不断搅拌。

游戏面团

5 杯面粉

2 杯盐

4 汤匙食用油

加水至合适的稠度

面粉中可以事先加入蛋白颜料粉,或者在最后的面团成品中加入食用色素。这种面团可以放在塑料袋中或带盖子的容器内保存大约 2—4 个星期。最好在变硬以前作为游戏面团使用。

肥皂和锯木屑

1 杯皂液

1 杯锯木屑

充分搅拌材料。这种材料的外观和触感十分特别,对所有年龄组的孩子来说,可以轻易地将其塑造成各种形状。保存在密封塑料袋中,可以使用 2—3 天。

咖啡渣

2 杯咖啡渣

1/2 杯盐

1 又 1/2 杯燕麦片

把所有材料混合,加入足够的水。孩子喜欢滚动、抓握和拍击这种材料。这份材料的外观和触感十分与众不同,但制作成品并不合适,不过材质很特殊。

肥皂

2 杯肥皂碎屑

加入足够的水,搅拌达到合适的可塑粘稠度。可以使用比较好的品牌香皂,塑形的时候,材料里可能还掺有碎皂片。这对所有年龄组的孩子来说,既容易加工,又非常好玩。而且,它的质感和一般的捏塑材料非常不同。它可以保存起来晾干,但这种材料需要很长时间才能彻底干透。

手指画颜料

液体淀粉法

1 罐液体淀粉

干燥的蛋白颜料粉,装在胡椒瓶里

把 1 汤匙的液体淀粉倒在需要上色的画面上,让孩子们把颜料粉抖在上面。然后混合颜料。(注意:如果画面上的颜色太浓稠,可以滴几滴水上去。)

肥皂片法

在一个小碗里把肥皂片和少量水混合。

用打蛋器将溶液打至硬化。在深色纸上用白色肥皂作画。或者在肥皂里加一些食用色素,这样就可以在浅色纸上作画。这样的作品会有一点点三维的效果。

生上浆剂

将 1 杯上浆剂、1 杯冷水和 3 杯肥皂片混合,可以快速制造手指画颜料。

面粉与盐法 1

1 杯面粉

1 杯半盐

3/4 杯水

色素

将面粉和盐用筛子筛过,加入水后,会形成一种和其他手指画颜料都截然不同的颗粒状质地,为作画提供一种特别的触觉体验。有的孩子特别喜欢这种触感,将一杯半盐加入其他配方也都能产生这种效果。

面粉与盐法 2

2 杯面粉

2 汤匙盐

3 杯冷水

2 杯热水

食用色素

将盐加入面粉后,慢慢注入冷水,不断用打蛋器搅拌,直到质地变得光滑。然后加入热水,煮开,直至液体变得清澈。再搅拌,同时加入色素。使用 1/4 杯的食用色素可制成 8—9 盎司的鲜艳颜料。

速成生面粉法

1 品脱水(2 杯)

1 杯半菱粉(用来给肉汤勾芡的原料)

将水倒入碗中,然后慢慢把菱粉倒入水中,添加色素。这里不使用面粉是因为面粉通常会结块。

熟淀粉法

1 杯上浆剂,用少许冷水溶化

5 杯开水，慢慢加入上浆剂

1 汤匙甘油（可任选）

将此混合溶液煮至粘稠平滑。然后加入 1 杯肥皂片，分成几份后加入不同的色素颜色。待冷却后即可使用。

玉米淀粉法

慢慢地将 2 夸脱水倒入 1 杯玉米淀粉中。煮至透明后，加入半杯肥皂片。还可以加入几滴甘油或冬绿油。

面粉法

将 1 杯面粉和 1 杯冷水混合。加入 3 杯开水，然后把溶液煮开，同时不断搅拌。加入 1 汤匙明矾和色素。这个配方的颜料晾干后很平整，不需要熨烫。

彩虹汤

1 杯玉米淀粉

4 杯水

半杯糖

食用色素（如果需要）

将水、玉米淀粉和糖煮至粘稠，然后搅拌至透明光滑。根据需要颜色的深浅加入食用色素。

建议：

准备手指画活动时，附近要有自来水和毛巾或者提供一大盆水，方便孩子清洗。手指画可以在一张光滑的桌面上、油布上或食堂餐盘上进行创作。有的孩子更喜欢用刮胡膏在油布上画画。食用色素或颜料粉可以事先添加到颜料中去，或者让孩子们自己选择想加的颜色。有时候你把颜色都调好了，更能吸引那些犹豫不决的孩子来到画桌边。

吹泡泡液

泡泡液 1

1 杯水

2 汤匙清洁剂

1 汤匙甘油

半茶匙糖

泡泡液 2

2/3 杯洗洁精

1 加仑水

1 汤匙甘油(可选)

在使用以前,至少将溶液露天放置一天。

泡泡液 3

3 杯水

2 杯洗洁精

半杯卡罗糖浆

配方来源:Herr,J.(2000).《儿童早期课堂创意资源》第三版(*Creative resources for the early childhood classroom*)。Albany,NY:Delmar

成长评估表

幼儿姓名：

观察员姓名：

观察日期：

生理发育	观察所得	
	日期	评论
出生到3个月		
反射行为—吮吸，迈步，挥舞四肢 拍打眼前出现的东西，但动作不协调 趴地时会昂起头来 抬头和抬起肩膀 从侧躺滚到平躺 眼睛跟着物体移动		
4—6个月		
用手拿住积木 伸出一只手取物 从平卧滚至侧卧 动作协调地伸手够物 凭借支撑物坐起 在两手之间传递物品 用任意一只手抓东西 用手臂支撑分腿坐稳		
7—9个月		
独自坐稳 行走反射回归，当被抱起呈直立状态，会有跳跃动作出现 坐起时，会身体前倾取物 用手和膝盖撑起身体，但容易前倒 扭动爬行 尝试站立 拍手 在成人的协助下站起来 学习精细的动作，用大拇指和食指拾起东西 会用大拇指和其他手指拿起东西 敲打东西		
10—12个月		
用双腿支持全身重量 可以被牵着手走路 沿着家具或支撑物走动 独立站立 独立行走 沿楼梯或台阶攀爬 自动放掉手里的东西 坐起时平衡感好，转变姿势时也不会跌倒 脱掉鞋袜		

生理发育	观察所得	
13—18 个月	日期	评论
垒起两块积木 翻动纸板书的书页一次 2 到 3 页 喜欢涂鸦 顺畅行走 行走时可携带或拖拽一个玩具 在协助下走上楼梯		
19—24 个月		
独自走上楼梯，每次一阶 蹦跳 踢球 慢慢跑动 显示对使用某只手的偏好 可以拼起 3 片拼图 垂直搭起 6 块积木		
25—36 个月		
行走时跨越障碍物 奔跑时动作接近成人，膝盖微屈，双臂朝相反方向摆动 独自走下楼梯 随着音乐踏步前进 用腿踢动带轮子玩具 骑三轮车 绘画时挥舞整条手臂 根据意愿向前抛球 垒砌 8—10 块积木 模仿成人画圆圈、水平或垂直线条 一页页翻书 并拢手指舀取小物件 用鞋带串起大珠子		
其余生理发育观察记录		

* 成长评估表中所列不同特性的出现时间仅是平均状况。因为每个儿童的差异性，这些特征的出现会有早晚。

语言沟通	观察所得	
出生到 3 个月	日期	评论
用哭声、咿呀声和面部表情来进行沟通 偏爱人类的声音 咿呀作声 大笑 通过微笑和咿呀儿语主动与养育者交流		

语言沟通	观察所得	
	日期	评论
4—6个月		
咕哝、自言自语 模糊地根据母语发音 标准化、系统化的元音辅音搭配 参与成年人发起的互动游戏 轮流发起互动		
7—9个月		
咕哝声转变成大声的、有节奏的高低音 出现辅音 通过手势进行交流，多为指物 会说妈妈和爸爸，但并不能将词和父母联系在一起		
10—12个月		
用非语言的手势来影响他人的行为 展示语言理解的能力 挥手再见 说出第一个可辨识的词 主动发起与成人的游戏		
13—18个月		
有10—20个词的词汇量 开始讲"自创语言" 连起两个词，使用电报式语言 经历语言爆发期 理解大约50个词		
19—24个月		
继续使用电报式语言 能连起3个词 讲话，25%的话能被听懂 用名字指代自己 在一句话里用3—4个词 理解的词汇达到300个 掌握的词汇量达250个左右		
25—36个月		
继续使用电报式语言，每句话包含3—4个词 讲完整句，词序自然 展现有效的谈话技巧 用"我"而不是名字指代自己 谈论非眼前发生的事物 理解一定的语法 词汇量飞速增加，达到300个左右 喜爱成人为其阅读故事，其间伴以指物、聊天和翻书动作		
其余生理发育观察记录		

* 成长评估表中所列不同特性的出现时间仅是平均状况。因为每个儿童的差异性，这些特征的出现会有早晚。

认知水平	观察所得	
	日期	评论
出生到 3 个月		
用哭声求助 反射行为 喜好看图案、大圆点、水平条纹和人脸 模仿成人的面部表情 用眼睛搜索声音来源 从一定距离外认出熟悉的人 重复某些肢体动作,例如吮吸、挥拍和抓握 发现手脚隶属于自己		
4—6 个月		
通过声音认人 喜爱一些重复动作,如晃动摇铃,以制造外部结果 用眼睛搜索声音来源 喜欢看自己的手和脚 寻找被部分遮掩的东西 有目的性地使用玩具 模仿简单动作 凭借已有动作探索玩具,如吮吸、敲打、抓握和摇晃		
7—9 个月		
喜欢看印有熟悉物品的书 区别熟悉与陌生的面孔 带有目的性的行为 期待即将发生的事情 找到完全藏起的物品 不成熟地模仿一些日常举动 开始喜欢装满和清空容器		
10—12 个月		
主动用某些方法来解决问题,比如摇晃一个容器以倒空里面的东西 根据要求,指出身体的各个部位 故意掉下玩具,然后反复看向掉落物体的方向 挥手道别 显示更强的记忆能力 遵循简单的一步式指令 根据外观对物体进行分类 到第二个地方寻找物品		
13—18 个月		
用新奇的方式探索物体的属性 通过不断地尝试解决问题 实验因果关系,比如打开电视机、敲鼓等 玩指示身体部位游戏 模仿他人有趣的行为 认出照片上的家庭成员		

认知水平	观察所得	
19—24 个月	日期	评论
在读书或游玩时根据要求辨别指出不同物体 根据形状与色彩分类 认出照片上和镜子里的自己 进行模仿 玩功能性游戏 找到被移出视线之外的物品 通过内部表示法解决问题 根据性别、人种和头发颜色等区分自己和他人		
25—36 个月		
有目的性地使用物品 活动时与人私下进行沟通 一维式区分物品,例如区分小车与积木 遵照二步式指令行动 对自己选择的活动花更多时间,注意力更集中 读书时自然辨别指物 与其他孩子玩假想游戏 在数一套物品时,获得初步的数字概念 开始培养相对概念,如大小、高矮和里外 开始发展时间概念,如今天、明天和昨天		
其余生理发育观察记录		

* 成长评估表中所列不同特性的出现时间仅是平均状况。因为每个儿童的差异性,这些特征的出现会有早晚。

社交能力	观察所得	
出生到 3 个月	日期	评论
把头转向说话的声音 认出基础护理人员 与养育者建立联系 乐于看到人脸 会对人微笑示好 听到抚慰的声音会安静下来 开始能区分自己与养育者		
4—6 个月		
通过哭泣、咿呀声或微笑找成年人玩耍 对熟悉的面孔作出全身反应,如盯着人看、微笑、蹬腿和挥动胳膊 主动与他人互动,当成年人说话时,发音回答 朝熟悉的面孔微笑,对陌生人报以严肃的目光 能区分熟悉或陌生的人与环境		

社交能力	观察所得	
	日期	评论
7—9 个月		
与喜爱的成年人分离时感到难过 通过纠缠或哭泣,努力将喜爱的成年人留在身边 将成年人作为自己探索的后备力量,是这一时期的典型行为 当别人显得难过时,能够注意到 喜爱观察并与其他孩子简单互动 喜爱并响应一些游戏,比如拍手和捉迷藏 独自玩耍 对某些人或物产生偏爱 出现陌生人时感到不快		
10—12 个月		
对一到两个养育者特别偏爱 与其他孩子平行游戏 喜欢和兄弟姐妹一起玩 开始表达自己 开始培养幽默感 通过认识身体各部位而培养自我认知 开始区别男孩和女孩		
13—18 个月		
希望引起注意 模仿他人的行为 对自身的存在感不断加强 除亲密养育者以外,愿意与他人亲近 表明对某物的所有权 能独立完成一项任务时,独立自主的意识开始发展		
19—24 个月		
喜爱他人的陪伴 仅仅从自我的角度去观察世界 可以自得其乐地玩耍,或在成年人身边玩耍 参与功能性游戏 保护自己的所有物 在照片或镜中认出自己 可以用"我"来指代自己 通过外表的显著特征来认人,包括人种或发色 对陌生人的害怕程度降低		
25—36 个月		
观察他人如何做事 独自玩耍或与他人平行游戏 有时候会把自己的玩具给其他孩子 开始与其他孩子合作玩耍 参与社会角色扮演游戏 想独立完成一件事 越来越多地用"不"来表明自己的独立		

社交能力	观察所得	
25—36个月		
发展初步认知,即他人的愿望或感受和自己的可能不同 对父母、养育者和看护者发号施令 较少用具体行为,更多用语言来解决问题 出现性别特征明显的行为		
其余生理发育观察记录		

* 成长评估表中所列不同特性的出现时间仅是平均状况。因为每个儿童的差异性,这些特征的出现会有早晚。

情商培养	观察所得	
出生到3个月	日期	评论
能感受并表达三大基本情绪:兴趣、沮丧和厌恶 用哭泣来表示需求 被拥抱时会安静下来 感受并表达快乐的情绪 会对人微笑示好 感受并表达快乐的情绪 对人报以微笑 阅读并辨别成人的面部表情 开始能自我控制情绪 大声笑 会使用一些自我安慰的技巧,如吮吸大拇指或橡皮奶嘴		
4—6个月		
表达快乐 回应养育者的情绪 开始分辨熟悉与不熟悉的人 当一个熟悉的人抱起自己,表示偏爱 帮忙扶住一个奶瓶 用不同的方式表达快乐,对着熟悉的人微笑或者大笑		
7—9个月		
使用面部表情、眼神、声音和姿势对周围的事情表达出自己的情绪 更经常地表现出恐惧和愤怒 通过经验来控制自己的情绪 通过他人的情绪来觉察他人的意图 看向别人以获取暗示,自己应该如何行动 害怕陌生人		

情商培养	观察所得	
	日期	评论
10—12个月		
继续展示快乐、愉悦、不适、生气和悲伤等情绪 当愿望受阻的时候表达气愤 对令人沮丧的事情表示愤怒 开始愿意顺从养育者的要求 对游戏被迫中止通常很介意 开始用一把调羹吃饭 脱穿衣服时协助配合 对动物、娃娃玩具有充满爱心的举动 可以自己用手吃完一餐饭（食物可用手拿） 成功完成一项任务时自己拍手祝贺		
13—18个月		
经常说"不"，以显示自己的独立性 能辨别几种情绪 将行为和情绪联系起来 开始理解复杂的行为模式 能够通过沟通来表达需求 对想要的东西也可能说"不" 可能失去控制，发脾气 有自我意识的情绪，如羞耻、负罪感和害羞 很容易受挫		
19—24个月		
自然地对他人表示亲善 用行动去安慰别人 显示如骄傲和尴尬等情绪 在对话和游戏中自然使用情绪化的词 开始对别的孩子和成人表示同情 很容易因批评而受伤 因目标受阻，有时会发脾气 能将面部表情和简单的情绪定义联系起来		
25—36个月		
开始越来越多地感到害怕 开始能意识到一些基本情绪的后果 学会应对强烈情绪的技巧 学习用更精确的词来与人沟通情绪 显示共鸣与关心的迹象 会失去情绪控制，发脾气 会在发脾气后恢复过来 愿意帮忙收拾玩具、拿杂物袋 开始能在准备大小便前给人提示 期待每日惯例的发生		
其余生理发育观察记录		

* 成长评估表中所列不同特性的出现时间仅是平均状况。因为每个儿童的差异性，这些特征的出现会有早晚。

宝宝趣事录

趣事录样本

宝宝名字：Reyshawn	出生日期：5 月 13 日
记录员名字：Chris	记录日期：3 月 31 日

观察记录：

在换尿布的时候，Reyshawn 拿起干净的尿布，挡住自己的脸。然后又拿开尿布，并开始微笑、大笑。

观察解读：

Reyshawn 正在主动要求玩一个我们近来最喜欢玩的游戏。他开始展示自己在语言、沟通和社交技巧方面的进步。

趣事录样本

宝宝名字：＿＿＿＿＿＿	出生日期：＿＿＿＿＿＿
记录员名字：＿＿＿＿＿	记录日期：＿＿＿＿＿

观察记录：

观察解读：

追踪记录样本

宝宝名字:_____

出生日期:_____

地点:_____

日期与时间:_____

记录员:_____

行为观察记录:

观察记录解读:

追踪记录样本

宝宝名字：Christina R.

出生日期：1996 年 10 月 2 日

地点：室内，吃点心前后

日期与时间：2012 年 3 月 2 日，2：00—2：25 pm

记录员：Jane U.

行为观察记录：

Christina 正在玩一辆玩具卡车。她说："凯迪，这能给我吗？"这个问题她重复了两次，直到一位老师回答："不行，玩具是给学校里所有小朋友玩的。"她把卡车放回地上，走到架子处。然后她拿起一把吉他，绕着房间边走边弹，并看着别的孩子。老师说："吃点心时间到了。Christina，来洗手。"Christina 对身边的男孩说："吃点心时间到了。"然后走到桌边坐下。

Christina 蜷身坐在一个男孩和一个女孩中间。她用兴奋的声音说："看，香蕉！"一边向盘子伸出手去，拿走了两根香蕉。老师说："一次一根香蕉。如果你吃了一根，可以再拿一根。"Christina 用右手的大拇指和食指把香蕉剥皮。她把整个香蕉塞进嘴里，又伸手拿第二根香蕉。老师说："把香蕉嚼烂，可不能噎到自己。坐着嚼，谢谢。"Christina 笑了，然后拿了第二根香蕉，像先前一样剥皮。她咬了一大口，一次就吃掉了一半。然后用两只手捧起牛奶杯，喝了一大口，大声打了个饱嗝，老师说："这次原谅你。"Christina 离开了桌子，把没有吃完的半根香蕉丢进垃圾桶。她用老师给她的毛巾——擦干净每根手指，然后擦了脸。她双腿有点僵直地走到教室的另一头去了。

观察记录解读：

在考虑所有权问题

社交行为的发展：帮助同班同学进入每日的例行环节。

她没有洗手，而老师没发现！

她接受了规定，继续吃点心。

剥香蕉的小动作十分纯熟。

她看上去很饿，上次吃东西是什么时候？

接受了老师的建议，看起来很愉快。

在整个过程学会了礼貌。不过没有自己再道歉。

很好的自理能力。

总是动个不停！

小组活动记录

　　小组活动记录是一种展示集体活动的双重记录。它一方面记录的是一组孩子的学习情况；同时必须突出不同的孩子和他们的作品。为了便于阅读，记录者应该字体整洁或使用打字机。然后把所有以下单子列出的事项粘贴在泡沫板、海报板或灯笼板上。

◇ 活动题目

◇ 孩子在与材料或同龄人互动时，确切的话语和用词。

◇ 记录下孩子思考痕迹的具体作品，如绘画、书写文字或孩子做雕塑、戏剧表演时的照片。

◇ 详细的文字记录，突出并解释孩子在学习互动过程中发生的事。

　　为了达到与他人沟通的目的，此记录应该展示在显著的位置。邀请大家一起来看，并讨论孩子们的作品。请孩子们作为观众品评自己的作品是一种促进语言、认知和社交发展的好方法。同样的，根据这次活动的经验设计以后的活动。

　　小组活动设计的其他建议，请参考：

Gandini，L.，& Pope Edwards，C.（Eds.）2001.
　　Bambini：*The Italian approach to infant/toddler
　　care*. New York：Teachers College Press.

Helm，J. H.，Beneke，S.，& Steinheimer，K. 1998：
　　*Windows on learning：Documenting young children's
　　work*. New York：Teachers College Press.

Pope Edwards，C.，Gandini，L.，& Forman，G.
　　（Eds.）1993：*The hundred languages of children*.
　　Norwood，NJ：Ablex

课程计划

姓名：_____ 日期：_____

发展领域：_____

幼儿发展目标：

材料：

准备：

辅助技巧：

幼儿日常沟通：
家庭反馈

宝宝姓名：_____ 双亲姓名：_____

日期：_____ 入园时间：_____ 离家时间：_____

父母必填内容：

幼儿表现：　　（　）正常

　　　　　　　（　）有些不高兴

　　　　　　　（　）异于平常

幼儿睡眠：　　（　）安稳熟睡

　　　　　　　（　）醒过几次

　　　　　　　（　）没睡好

幼儿饮食：　　（　）入园前吃过正餐

　　　　　　　（　）入园前喂过奶

　　　　　　　（　）入园前吃过点心

　　　　　　　（　）没吃过东西

换尿布：　　　（　）大便　时间：

　　　　　　　（　）小便　时间：

今日特别要求：

_____

_____

_____

父母签字：

保育员签字：

幼儿日常沟通：
园方反馈 一

日期：_____ 入园时间：_____
是否读过家庭反馈：_____

园方填写：

幼儿睡眠：入睡_____ 醒来_____
　　　　　入睡_____ 醒来_____

幼儿饮食：时间_____ 品种_____ 量_____
　　　　　时间_____ 品种_____ 量_____
　　　　　时间_____ 品种_____ 量_____

换尿布：　时间_____ 小便_____ 大便_____
　　　　　时间_____ 小便_____ 大便_____
　　　　　时间_____ 小便_____ 大便_____

互动／活动：（描述成年人与孩子的互动，发展目标以及吸引孩子兴趣的活动）

_____
_____
_____

对父母的提醒：

_____
_____

保育员签名：

父母签名：

我们需要：　（　）尿布　　　　（　）抹布　　　（　）代乳品　　（　）婴儿食品
　　　　　　（　）更换的衣服　（　）毯子　　　（　）其余物品_____

幼儿日常沟通：
园方反馈 二

日期：_____ 入园时间：_____

是否读过家庭反馈：_____

互动／活动：（描述成年人与孩子的互动，发展目标以及吸引孩子兴趣的活动）

_____

_____

_____

早餐：

(   )吃得很好　　　(   )吃了一点　　　(   )今天不饿_____

午餐：

(   )吃得很好　　　(   )吃了一点　　　(   )今天不饿_____

午睡：

(   )睡过　　　　　(   )安静地休息_____

如厕：

(   )只换了尿布　　(   )坐过便盆　　　(   )上厕所

(   )大便时间_____　　　　　　　　(   )小便时间_____

对父母的提醒：

_____

_____

_____

保育员签名：

父母签名：

我们需要：(   )尿布／内裤　　(   )更换的衣服

　　　　　(   )毯子　　　　　(   )其余物品_____

图书在版编目(CIP)数据

美国早教创意课程.0～1岁/(美)赫尔,(美)斯文著；
李颖妮译. —上海:华东师范大学出版社,2013.6
ISBN 978 - 7 - 5675 - 0836 - 1

Ⅰ.①美…　Ⅱ.①赫…②斯…③李…　Ⅲ.①学前教
育-教学参考资料　Ⅳ.①G613

中国版本图书馆 CIP 数据核字(2013)第 127847 号

美国早教创意课程(0—1岁)

著　　者　[美]朱迪·赫尔　[美]特丽·斯文
译　　者　李颖妮
组稿编辑　谢少卿
项目编辑　谢少卿　曹雪梅
审读编辑　朱妙津
责任校对　王　卫
装帧设计　卢晓红

出版发行　**华东师范大学出版社**
社　　址　上海市中山北路 3663 号　邮编 200062
网　　址　www.ecnupress.com.cn
电　　话　021 - 60821666　行政传真 021 - 62572105
客服电话　021 - 62865537　门市(邮购)电话 021 - 62869887
地　　址　上海市中山北路 3663 号华东师范大学校内先锋路口
网　　店　http://hdsdcbs.tmall.com

印 刷 者　苏州工业园区美柯乐制版印务有限责任公司
开　　本　890×1240　16 开
印　　张　13.75
字　　数　289 千字
版　　次　2014 年 8 月第 1 版
印　　次　2018 年 8 月第 2 次
书　　号　ISBN 978 - 7 - 5675 - 0836 - 1/G·6575
定　　价　38.00 元

出 版 人　王　焰